Beate Tschirch

Sparkle & Shine

Mit Energieritualen zum Lebensglück

LEUCHTENDE ZEITEN FÜR DEINE SEELE

EMF

EIN BUCH DER EDITION MICHAEL FISCHER

Inhaltsverzeichnis

Stress & Atmung

Zwischen-menschliche Interaktion

Energetische Reinigung

Intuition und spirituelle Führung

Magie & Zauber

LIEBE SEELE,

erinnerst du dich an den Moment, als du das letzte Mal erschöpft auf dem Sofa saßt, umgeben von To-Do-Listen und dem Gefühl, dass das Leben an dir vorbeizieht? Es ist leicht, im Strudel der Pflichten unterzugehen und sich selbst aus den Augen zu verlieren. Mir ist das vor nicht allzu langer Zeit passiert.

Ich erinnere ich mich an einen Tag, als ich versuchte, eine E-Mail zu beantworten, während meine fünfjährige Tochter ein ernstes Gespräch mit ihrem Stoff-Husky über die Unstimmigkeiten im Legoland führte. Es war, als würde ich in einem Zirkuszelt leben, in dem der Jongleur immer mehr Bälle in die Luft warf und ich versuchte, Schritt zu halten. Zwischen Aufträgen, Haushalt und der Suche nach verlorenen Spielzeugen schien der Begriff „Balance" eher einer artistischen Glanzleistung zu gleichen. Und während andere in den sozialen Medien von einem Champagnerbad zum nächsten sprudelten, musste ich darauf aufpassen, nicht im Schlammbad unterzugehen. Die Leichtigkeit des Lebens schien verloren und ich spürte, dass etwas Grundlegendes geändert werden musste. Ich hatte alles, was man sich nur wünschen konnte, doch trotz all der äußeren Annehmlichkeiten fehlte eine innere Resonanz. Die Herausforderungen des Alltags überlagerten den Zauber des Lebens, und es wurde Zeit, diesen Zauber wiederzuentdecken. Diese Erfahrung hat mich geprägt und ist ein wesentlicher Grund dafür, warum ich dieses Buch schreibe.

Während meine Kinder heranwuchsen, erarbeitete ich mir Werkzeuge, um meine Energie zu balancieren, aufrechtzuerhalten und sogar zu steigern. Auf meiner Reise zur inneren Erfüllung erlebte ich die transformative Kraft von Meditationen und heilenden Ritualen. Diese Tools halfen mir nicht nur dabei, den Stress des Alltags zu bewältigen, sondern auch meine eigene innere Kraftquelle zu aktivieren. Es war, als würde ich einen verlorenen Schatz in mir finden – eine Quelle der Freude und tieferen Bedeutung. Ich weiß, dass du dich vielleicht in einer ähnlichen Situation wiederfindest – auch wenn es nicht unbedingt der Spagat zwischen Kindergeburtstag und Businesspitch ist, so hält dich der Stress des Alltags in einem ständigen Jonglierakt gefangen.

Lass uns gemeinsam aufbrechen und herausfinden, wie wir durch kleine Schritte zu mehr Leichtigkeit, Fülle und innerer Verbundenheit gelangen und die Magie des Lebens wiederentdecken.

GRUNDLAGEN

Zu einigen Ritualen oder Übungen findest du weitere Materialien und Meditationen im exklusiven Onlinebereich. Folge dazu einfach dem QR-Code und entdecke weitere spannende Inhalte.

Die unsichtbare Kraft im Alltag

Hast du schon einmal bemerkt, dass es Tage gibt, an denen scheinbar alles schiefgeht? Du verschüttest den Kaffee, der Verkehr ist nervenaufreibend und der Computer scheint gegen dich zu arbeiten. Dieses Gefühl ist keine bloße Laune des Schicksals, sondern könnte auf eine unsichtbare Kraft hindeuten, die einen erheblichen Einfluss auf unser tägliches Leben hat: die Emotionen.

Emotionen sind wie Pinselstriche auf der Leinwand unseres Lebens. Doch sie sind mehr als nur Gefühle – sie sind Energie in ihrer kraftvollsten Form. Freude ist wie ein Feuerwerk an positiver Energie, Traurigkeit kann ein sanfter Regen sein, und Wut ist das Donnergrollen, das uns antreibt, Veränderungen herbeizuführen. Das Faszinierende daran ist, dass diese Energie sich leicht oder schwer anfühlen kann. Wenn du in einem Zustand der Freude bist, scheint die Energie förmlich zu schweben. Du könntest Bäume ausreißen und die Welt erobern. Doch wechselst du in einen Zustand der Traurigkeit, dann scheint diese Energie plötzlich schwer zu werden. Jeder Schritt fühlt sich an, als würdest du durch tiefen Schlamm waten, und es erscheint unmöglich, die einfachsten Aufgaben zu bewältigen.

Jeder Gedanke löst eine Emotion aus, die wiederum neue Gedanken erzeugt. So entsteht eine unendliche Schleife der Energie. Unser Körper ist dabei wie ein Gefäß, das diese Gedanken aufnimmt und wie Wellen der Emotionen durch uns fließen lässt – als würdest du einen Stein ins Wasser werfen. Wir kreieren dadurch Frequenzen oder Schwingungen in unserem Körper. Diese Melodie hat die Kraft, unsere Realität zu formen. Die Töne, die wir aussenden, beeinflussen nicht nur uns selbst, sondern auch die Menschen und die Umwelt um uns herum. Stell dir vor, deine Gedanken sind wie Komponisten, die unermüdlich Stücke schreiben, und deine Emotionen sind die Instrumente, die die Stücke zum Leben erwecken. Wenn du negative Gedanken hegst, komponierst du eine traurige, düstere Melodie, die Schwere und Unwohlsein mit sich bringt. Doch wenn du positive, freudvolle Gedanken pflegst, entsteht eine helle, erhebende Symphonie, die Leichtigkeit in dein Leben bringt. Lass uns die Melodien des Lebens einmal genauer erkunden.

DIE MELODIE DES BEWUSSTSEINS

Die Melodie, die aus deinen Gedanken und Emotionen entsteht, ist einzigartig und unverwechselbar. Sie erzählt die Geschichte deiner inneren Welt und deiner Reise durch das Leben. Jeder Mensch trägt seine eigene, individuelle Melodie in sich, die als Grundfrequenz in den Kosmos ausgesendet wird, Resonanz erzeugt und ihren Widerhall in der Welt findet. Der US-amerikanische Psychiater David R. Hawkins hat durch seine langjährige Praxis ein Modell der Bewusstseinsebenen entwickelt, das diese innere Melodie auf einer Skala von 1 bis 1000 misst. Jede Zahl auf dieser Skala repräsentiert einen spezifischen Bewusstseinszustand und reflektiert unsere emotionale und energetische Verfassung. Wie Hawkins erläutert, erleben Menschen auf den höheren Ebenen der Bewusstseinsskala nicht nur ein gesteigertes emotionales Wohlbefinden, sondern auch eine tiefere Verbindung zu ihrer inneren Essenz. Unsere Position auf dieser Skala beeinflusst, wie wir die Welt wahrnehmen, wie wir handeln und letztlich unsere Lebensqualität. Unser Leben ist geprägt von einer kontinuierlichen Bewegung entlang dieser Bewusstseinsebenen, wobei wir in verschiedenen Lebensphasen unterschiedliche Stufen durchlaufen.

Name der Ebene	Energetische Frequenz	Zugehöriger emotionaler Zustand	Lebensanschauung
Erleuchtung	700–1000	unbeschreiblich	ist
Frieden	600	Glückseligkeit	perfekt
Freude	540	Abgeklärtheit	vollständig
Liebe	500	Ehrfurcht	wohlwollend
Vernunft	400	Verständnis	bedeutungsvoll
Akzeptanz	350	Versöhnlichkeit	harmonisch
Bereitschaft	310	Zuversicht	hoffnungsvoll
Neutralität	250	Vertrauen	zufriedenstellend
Mut	200	Bestätigung	machbar
Überheblichkeit	175	Verachtung	fordernd
Wut	150	Hass	feindlich gesinnt
Begierde	125	Verlangen	enttäuschend
Angst	100	Angstgefühl	beängstigend
Kummer	75	bedauern	tragisch
Gleichgültigkeit	50	Hoffnungslosigkeit	hoffnungslos
Schuldgefühl	30	Schuld	bösartig
Schamgefühl	20	Demütigung	unglücklich

STUFE 200-500: DER SWING DER VERNUNFT

Mit jedem Schritt nach oben wird die Melodie harmonischer. Hier beginnen die Trompeten der Akzeptanz zu blühen, die Posaunen der Bereitschaft erklingen, und die Streicher des Mutes nehmen Fahrt auf. Du wirst zum Dirigenten deines Lebensorchesters.

Mut (200): Dies ist die Schwelle zu positiven Bewusstseinszuständen. Mutige Menschen beginnen, Verantwortung für ihr Leben zu übernehmen und legen die Grundsteine, um positive Veränderungen zu bewirken.

Neutralität (250): Neutralität bedeutet, dass man sich von extremen Emotionen löst und eine ausgeglichene, objektive Sicht auf das Leben hat.

Bereitschaft (310): Menschen auf dieser Stufe sind offen für neue Erfahrungen und lernen gerne. Sie sind bereit, sich Herausforderungen zu stellen und sich weiterzuentwickeln.

Akzeptanz (350): Akzeptanz bedeutet, die Realität anzunehmen, wie sie ist, ohne Widerstand oder Leugnung. Menschen auf dieser Stufe sind in der Lage, Verantwortung für ihr Leben zu übernehmen und positive Veränderungen herbeizuführen.

Vernunft (400): Hier dominiert die rationale und logische Denkweise. Menschen auf dieser Stufe sind in der Lage, komplexe Probleme zu analysieren und fundierte Entscheidungen zu treffen.

STUFE 500-700: DAS JAZZKONZERT DES MITGEFÜHLS

Die Querflöten der Liebe spielen improvisierte Solos, während die Gitarren der Freude in einem ansteckenden Rhythmus schwingen. Hier verstehst du, dass das Leben eine Jam-Session ist, und du tanzt dazu im Takt der Akzeptanz. Auf diesen höheren Ebenen, die durch Gefühle wie Liebe, Freude und Frieden geprägt sind, wird unsere Melodie zu einer harmonischen Symphonie, die nicht nur uns selbst inspiriert, sondern auch eine positive Resonanz in unserer Umgebung erzeugt. Menschen in diesen Bewusstseinszuständen fördern Empathie, Toleranz und Kooperation. Sie schaffen gesunde zwischenmenschliche Beziehungen und erleben weniger Konflikte und Missverständnisse. Ihre innere Melodie zieht Wohlstand und Erfüllung an und beeinflusst das Umfeld positiv.

Liebe (500): Liebe auf dieser Stufe ist bedingungslos und universell. Sie geht über persönliche Bindungen hinaus und umfasst Mitgefühl und Empathie für alle Lebewesen.

Freude (540): Freude ist ein Zustand tiefen inneren Friedens und Glücks, der unabhängig von äußeren Umständen ist. Menschen auf dieser Stufe strahlen Positivität und Zufriedenheit aus.

Frieden (600): Frieden ist ein Zustand der vollständigen Gelassenheit und des inneren Einklangs. Menschen auf dieser Stufe sind frei von allen Konflikten und leben in völliger Harmonie mit sich selbst und der Welt.

STUFE 700-1000: DAS SYMPHONIEORCHESTER DER ERLEUCHTUNG

In den höchsten Ebenen erlebst du die epische Symphonie der Erleuchtung. Die Harfen der Transzendenz weben einen goldenen Faden, die Flöten der Weisheit singen sanft, und die Violinen der Einheit erheben sich zu einem majestätischen Crescendo. Hier fühlst du die Schwingungen des Universums, die in perfekter Harmonie tanzen.

Erleuchtung (700-1000): Dies ist der höchste Zustand des Bewusstseins. Menschen, die diese Stufe erreichen, sind in einem Zustand der völligen Einheit mit dem Universum. Sie haben ein tiefes Verständnis der spirituellen Wahrheit und erleben grenzenlose Liebe und Mitgefühl.

In diesem Konzert der Schwingungen lernen wir, dass jede Note, egal wie dissonant, zu unserer einzigartigen Melodie beiträgt. Allgemein lässt sich sagen: Je höher wir auf der Bewusstseinsskala aufsteigen, desto harmonischer und positiver wird unsere innere Melodie, was sich unmittelbar auf unser emotionales Wohlbefinden auswirkt. Dies ist das Ziel, das wir alle anstreben – eine Melodie, die Frieden, Freude und Liebe widerspiegelt und uns auf unserem Lebensweg inspiriert und erfüllt. Diese Schwingungen beeinflussen nicht nur unsere eigene Stimmung und unser Wohlbefinden, sondern auch die Energie des Raums, den wir betreten, und die Atmosphäre, die wir kreieren.

MALEN MIT SCHWINGUNGEN: WIE DEINE EMOTIONEN DIE FARBEN DEINES LEBENS BEEINFLUSSEN

Stell dir vor, du trittst in einen Raum ein, der gerade von einer hitzigen Diskussion durchdrungen war. Obwohl der Raum nun leer ist, spürst du immer noch die Auswirkungen dieser intensiven Energie, die wie ein dichter Schleier in der Luft hängt. Die Atmosphäre scheint dich zu warnen: „Vorsicht, hier wurde gestritten!" Im Kontrast dazu stelle dir vor, du betrittst einen Raum nach einer Meditationssitzung. Sofort fühlst du eine harmonische und ruhige Stimmung – als ob die Energie des Raumes selbst dir sanft sagt: „Hier herrscht Frieden." Du kannst förmlich spüren, wie die Schwingungen der Meditation eine beruhigende Präsenz erzeugen und dich sofort entspannen lassen.

Sicherlich hast du schon einmal die lebhafte und glückliche Ausstrahlung von frisch Verliebten erlebt, die regelrecht von einer Aura der Freude umgeben sind. Ihre Augen strahlen, ihre Stimmen klingen voller Begeisterung, und sie scheinen förmlich im siebten Himmel zu schweben. Ihre positive Energie zieht nicht nur ihre Partner an, sondern strahlt auch auf ihr Umfeld aus, verbreitet gute Laune und zieht Glücksmomente förmlich magisch an. Sicherlich kennst du auch Menschen, die immer lachen und eine ansteckende Freude verbreiten, wann immer sie auftauchen. Ihre positive Energie erhellt die Stimmung in jedem Raum und lässt andere um sie herum ebenfalls lächeln.

Diese Beispiele verdeutlichen eindrucksvoll, wie stark unsichtbare Energien wahrnehmbar sind. Jeder von uns strahlt Energie aus – fast so, als wären wir mit einem emotionalen Farbtopf unterwegs und würden überall unsere individuelle Farbpalette hinterlassen.

Auf der anderen Seite gibt es auch Menschen, die ständig klagen und scheinbar nur das Negative sehen, egal welche Situation sich ihnen bietet. Diese Menschen wirken oft, als trügen sie eine düstere Gewitterwolke über ihrem Kopf, die ihren Blick auf das Leben trübt und ihre Wahrnehmung in eine pessimistische Richtung lenkt. Diese Personen verlieren sich in Sorgen und Ängsten und sind oftmals gestresst. Ihre Energie scheint schwer und zieht häufig negative Ereignisse an, die ihren Pessimismus bestätigen.

Aber es gibt eine erfreuliche Botschaft: Wir haben die Möglichkeit, unsere eigene Energie bewusst zu lenken und zu beeinflussen. Es liegt in unserer Macht, unsere eigene Energie und Grundfrequenz zu lenken und zu transformieren. Es liegt an uns, mit welchen Farben wir in unserem Leben malen möchten und welche Art von Energie wir um uns herum ausstrahlen wollen. Wenn wir uns bewusst machen, wie unsere Emotionen unsere Wahrnehmung und Handlungsfähigkeit beeinflussen, können wir gezielt daran arbeiten, positive und leichte Energien zu kultivieren.

Denn wenn man mit einer positiven Haltung und einer offenen Ausrichtung durchs Leben geht, formt man eine Realität voller Leichtigkeit, Freude und Möglichkeiten. Dabei fungiert die eigene Schwingung wie ein unsichtbarer Magnet, der ähnliche Energien anzieht. Das Leben wird zur lebendigen Leinwand, auf der positive Erlebnisse entstehen können. Im Gegensatz dazu kann eine negative Schwingung durch Stress, pessimistische Gedanken oder Abwehrhaltung einen düsteren Schatten über den Alltag werfen. Das Dasein manifestiert sich dann in Unzufriedenheit und einem Mangel an positiven Erfahrungen – denn Negatives zieht Negatives an und schafft einen Teufelskreis.

Die Art und Weise, wie du an das Leben herangehst, gleicht einem Pinselstrich auf der Leinwand des Lebens. Wenn du diesen Pinsel in positive Farbe tauchst, malst du eine Welt voller Freude sowie unendlicher Möglichkeiten aus. Doch wenn du ihn in den Topf negativer Gefühle eintauchst, kann die Leinwand deines Lebens von düsterem Grau überdeckt werden. Du bist der Künstler, die Künstlerin deiner eigenen Welt – wähle weise, welche Farben du verwenden möchtest und wie du deine Realität gestalten möchtest. Möchtest du ein Umfeld schaffen, das von Harmonie, Frieden und Liebe erfüllt ist? Oder wählst du Farben der Angst, des Zorns oder der Wut, die Dunkelheit in dein Bild bringen könnten? Denke daran, dass jeder Pinselstrich deiner Gedanken und Emotionen ein Teil deines Meisterwerks ist.

Es geht nicht darum, negative Emotionen zu verdrängen oder zwanghaft positiv zu sein. Stattdessen ist es wichtig, die Fähigkeit zu entwickeln, durch schwierige Zeiten zu navigieren, ohne sich von ihnen überwältigen zu lassen. Das Leben ist wie das Wetter: Manchmal genießen wir Sonnenschein, manchmal erleben wir Regen, und gelegentlich ziehen heftige Gewitter auf. Was wirklich zählt, ist, wie wir auf diese unterschiedlichen Wetterlagen reagieren.

Wichtig ist zu verstehen, dass du jeden Tag die Macht hast, deine Reaktionen und damit deine Schwingungen zu beeinflussen. Jeder Moment bietet dir die Möglichkeit, deine Farben neu zu wählen und die Frequenzen zu bestimmen, die du ausstrahlen möchtest. Wenn wir uns dieser Fähigkeit bewusst werden, können wir beginnen, positive Gedanken zu pflegen und unsere Emotionen in Einklang zu bringen. Wir können lernen, die Farben des Lebens so zu wählen, dass sie eine Welt voller Liebe, Frieden und Freude erschaffen. Dies erfordert Achtsamkeit und ständige Übung, aber die Belohnung ist ein Leben voller Harmonie und positiver Resonanz.

Deine Haltung und Ausrichtung sind entscheidend, um die Realität bewusst und aktiv zu gestalten, die du erleben möchtest. Du kannst deine eigene Energie steuern, indem du bewusst entscheidest, wie du denkst, fühlst und handelst.

Nun ist der Moment gekommen, dich zu fragen:

Wie denke ich die meiste Zeit meines Lebens?

Wie fühle ich mich die meiste Zeit meines Lebens?

Was tue ich die meiste Zeit meines Lebens?

DEIN WEG ZU EINEM FREUDVOLLEN LEBEN

Genug der Theorie! Es ist Zeit, die bewusste Schöpferin deiner Energie zu werden. Doch vorerst lass uns gemeinsam erkunden, warum es sich für dich lohnt, diesen Weg der bewussten Energiegestaltung zu beschreiten. Denn in diesem Abenteuer des persönlichen Wachstums und der Selbstentdeckung liegt die wahre Magie des Lebens verborgen. Indem wir uns auf die Reise machen, unsere Energie bewusst zu lenken und zu formen, öffnen wir uns einer Welt unendlicher Möglichkeiten und unentdeckter Potenziale. Es ist die Entdeckungsreise zu unserem wahren Selbst, zu unserer inneren Kraft und Kreativität. Erinnerst du dich an den letzten stressigen Tag, als du deine Autotür zuschlugst und nur noch heulen wolltest? Oder vielleicht hast du einfach nur deinen Kopf in die Kissen vergraben und dich gefragt, warum das Leben so verdammt kompliziert sein muss. Stell dir vor, du könntest jetzt vom Schlammbad der Gefühle in ein sprudelndes Champagnerbad springen! Das wäre doch etwas, oder? Weg mit den Selbstzweifeln, der ständigen Selbstkritik und der Sorge, nicht gut genug zu sein! Willkommen zu einem Leben, in dem du dich rundum wohl, voller Energie und bereit für alles fühlst, was das Leben dir bietet. Lass uns fünf Vorteile erkunden, die dieser erfrischende Wechsel von Schlamm zu Champagner in deinem Alltag bewirken kann:

1. EIN FREUNDLICHERES, SANFTERES DU.

Stell dir vor, du würdest mit dir selbst sprechen, als wärst du dein eigener persönlicher Cheerleader oder deine Cheerleaderin. Du bist dein größter Fan! Dein innerer Dialog wird zu einem Event, bei dem du dir selbst Mut zusprichst, als wärst du der Star der Show. „Gut gemacht, du hast heute das Bett verlassen! Das verdient Applaus!“ Wer hätte gedacht, dass du so ein unterhaltsamer Coach für dich selbst sein könntest?

2. LEBENDIG UND AUFGELADEN.

Mehr Energie für dein Leben! Du gönnst dir Zeit für Selbstpflege und siehst das als VIP-Behandlung für deine Seele an. Das ist nicht nur Energie tanken; das ist wie ein Energie-Doping für dein Leben! Es ist, als ob du einen endlosen Vorrat an innerem Treibstoff entdeckt hättest – ein Brunnen, der niemals versiegt. So kannst du in deinem Alltag strahlen wie ein Licht, das nie zu verblassen scheint.

3. MEHR LIEBE, DIE MAN MIT ANDEREN TEILEN KANN.

Ganz ehrlich, es ist wie beim Teilen von Schokolade – du musst erst mal genug für dich haben, bevor du mit anderen teilen kannst. Wenn du dich selbst mit Energie und Liebe überhäufst, kannst du auch Liebe in alle Richtungen verschenken. Du wirst zum Energie-Liebes-Millionär, der großzügig Herzen austeilt. „Du bekommst Energie, und du bekommst Liebe, alle bekommen Liebe!“

4. GESÜNDERE BEZIEHUNGEN ZU GELIEBTEN MENSCHEN.

Jetzt mal im Ernst, wer will schon eine Liebesbeziehung, die so dramatisch ist wie eine Seifenoper? Ändere das Drehbuch! Du wirst zum Regisseur deiner eigenen romantischen Komödie – die Handlung ist leicht, die Dialoge humorvoll, und die Liebe fließt wie ein sanfter Fluss. Du bist der Star deiner gesunden Beziehungskomödie – keine Dramen, keine Tränen, nur Liebe und Lachen.

5. RAUS AUS DEM ERFOLGSDRAMA.

Stell dir vor, du bist auf dem roten Teppich deines Lebens, und statt nach dem Applaus der Menge zu lechzen, genießt du den Moment und wirfst selbst Konfetti in die Luft. Mit Sparkle & Shine als deinem persönlichen Ruhm-Booster wird Erfolg zu einer glitzernden Angelegenheit. Du bist nicht mehr auf die Anerkennung anderer angewiesen, um dein eigenes Leuchten zu verstärken. Stattdessen strahlst du und verbreitest positive Vibes um dich herum.

Nun lasst uns gemeinsam eintauchen in das faszinierende Universum unserer eigenen Schöpferkraft und die Wunder entdecken, die darauf warten, von uns erschaffen zu werden!

SCHWINGUNGSBOOSTER: SELBSTLIEBE

Früher dachte ich, dass Selbstliebe und Selbsterfüllung wie ein Luxus klingen. Wer hat schon Zeit dafür, wenn Arbeit, Familie und Beziehungen so viel von unserer Energie und Zeit beanspruchen? Doch dann wurde mir klar, dass ein erfülltes Leben mehr erfordert als nur eine entspannende Maniküre, ein Glas Wein und ein Bad in der Badewanne. Natürlich sind Entspannung und Verwöhnung wichtig, aber wahre Selbstliebe geht darüber hinaus. Sie bedeutet, dass du dir selbst gegenüber ehrlich bist, deine Werte erkennst und ein authentisches Leben ohne selbstverletzende Muster führst. Es geht darum, Entscheidungen zu treffen, die dein wahres Selbst und deine wahren Werte nähren und widerspiegeln.

Selbstliebe ist mehr als nur ein Gefühl – sie ist eine tägliche Praxis, ein bewusster Akt der Fürsorge für dich selbst. Sie ist das Fundament für ein erfülltes und glückliches Leben. Sie erinnert uns daran, dass wir wertvoll sind, selbst wenn wir uns manchmal wie ein durchnässter Keks fühlen. Vor allem wenn das Leben uns Herausforderungen entgegenstellt und der eisige Wind des Alltags uns ins Gesicht bläst, bietet Selbstliebe von innen heraus Geborgenheit und Wärme. Sie flüstert dir sanft zu: „Du kannst das schaffen. Du bist stark, auch wenn du beim Schneemannbauen zwei linke Hände hast." Selbstliebe ermutigt uns, uns selbst mit Mitgefühl und Geduld zu begegnen, auch in Momenten, in denen wir uns verloren oder unzulänglich fühlen. Sie lehrt uns, dass es in Ordnung ist, Fehler zu machen, und dass wir trotz unserer Unvollkommenheiten liebenswert sind. Durch die Praxis der Selbstliebe lernen wir, uns selbst zu akzeptieren, wie wir sind, und unsere Stärken und Schwächen gleichermaßen anzunehmen. Selbstliebe gibt uns die Kraft, uns selbst immer wieder neu zu erfinden und uns den Herausforderungen des Lebens mit Zuversicht zu stellen. Sie inspiriert uns, gesunde Grenzen zu setzen und uns für unsere eigenen Bedürfnisse einzusetzen, ohne uns dabei egoistisch zu fühlen. Sie ermutigt uns, uns von äußeren Erwartungen zu lösen.

Sich selbst zu lieben, bedeutet dieses innere Glücksgefühl unabhängig von äußeren Umständen zu pflegen – egal ob das Soufflé für die Familienfeier zusammenfällt oder du den Zug verpasst hast. Es bedeutet, die Perfektion im Unperfekten zu sehen und dich selbst in all deinen Facetten zu akzeptieren. Denn wahre Selbstliebe kennt keine Bedingungen oder Einschränkungen. Sie ist ein unerschöpflicher Brunnen der Güte, der von innen heraus strahlt und dich in jedem Moment deines Lebens umhüllt. Dank Selbstliebe kannst du authentisch sein – ohne dich zu verstellen und der Welt deine wahre Natur zeigen. Es ist eine Einladung, sich selbst mit der gleichen Freundlichkeit und Zuneigung zu behandeln, die wir einem geliebten Freund oder Familienmitglied entgegenbringen würden. Diese Ehrlichkeit und Akzeptanz deiner Selbst ermöglichen es, Freude zu empfinden, ohne Angst vor Zurückweisung haben zu müssen.

Indem du täglich in den Spiegel blickst und dir ein liebevolles Lächeln schenkst, lädst du das Universum dazu ein, sich dem positiven Gefühl anzuschließen – es antwortet mit einem fröhlichen „Tadaaa!". Denn Selbstliebe dient nicht nur als Katalysator für dein eigenes Wohlbefinden – sie beeinflusst auch die Resonanz um dich herum maßgeblich. Also drehe diese wunderbare Melodie der Selbstliebe voll auf und lasse so das Universum deine strahlende Energie spüren. Strahle Liebe und Vertrauen aus, dann neigt das Leben auch dazu, dir dieselben Emotionen zurückzugeben.

Wie du deine Reise zu mehr Sparkle & Shine beginnen kannst

Die Reise zur inneren Erfüllung gleicht manchmal einer Expedition durch einen dichten Dschungel. Aber keine Sorge, die Werkzeuge, die ich in diesem Buch mit dir teile, sind wie ein praktischer Leitfaden, der dir hilft, den Weg durch das Dickicht zu finden. Die vorgestellten Übungen und Rituale stammen aus verschiedenen Bereichen, von Meditation über Spiritualität bis hin zu erprobten Methoden zur Steigerung der positiven Energie.

Es sind kurze, knackige Tools, die manchmal schon fast banal erscheinen und von denen dir vielleicht sogar einige schon bekannt sind. Aber aus eigener Erfahrung weiß ich, es bringt dir nichts, die kompliziertesten, ungewöhnlichsten Werkzeuge zu haben, wenn du sie nicht anwendest. Deshalb präsentiere ich dir einfache Impulse, Übungen und Tricks, die jedoch eine enorme Kraft haben. Vor allem, wenn du sie konsequent anwendest. Lass dich nicht von der vermeintlichen Einfachheit täuschen. Die simplen Dinge, wie die Tools in diesem Buch, können die größte Wirkung auf dein ganzes Leben haben. Du musst nur dranbleiben und darauf vertrauen, dass diese kleinen Übungen eine große Veränderung bewirken können.

Die Einfachheit dieser Tools bedeutet nicht, dass sie weniger wirkungsvoll sind. Ganz im Gegenteil, ihre Kraft liegt oft in ihrer leichten Anwendbarkeit im Alltag. Vielleicht fängst du damit an, kleine Post-its mit positiven Affirmationen in deiner Umgebung zu platzieren oder führst die Morgenzauber-Routine ein, bei der du den Morgen bewusst und positiv beginnst. Spüre, wie diese einfachen Handlungen nach und nach eine Veränderung in deiner inneren Landschaft bewirken. Beachte, wie sich die Stimmung hebt, wie positive Energie Einzug hält und wie du beginnst, mehr Freude und Erfüllung zu erleben.

Um loszulegen, schauen wir uns zunächst an, wie du dich auf deine Reise vorbereiten kannst. Hier sind ein paar Dinge, die du brauchst:

1. Keine Eile!

Es ist völlig in Ordnung, wenn du in deinem eigenen Tempo vorangehst. Ganz im Gegenteil, ich ermutige dich sogar, den Prozess zu genießen und nicht zu überstürzen. Es geht nicht darum, das Buch und die Übungen schnell durchzuarbeiten, sondern darum, sie in dein Leben zu integrieren. Eine Veränderung nach der anderen. Lass dich auch von deiner Intuition leiten – was brauchst du heute?

Denk daran, dass es sich um eine Reise handelt, die dich zu verschiedenen Zielen führen wird, einschließlich eines Ortes der Weisheit, von dem aus du Freundlichkeit und Mitgefühl mit dir selbst praktizieren kannst. Bei der Arbeit an diesem Arbeitsbuch versuche, dir auch nur 15 Minuten Zeit für dich allein und in Ruhe zu gönnen. Das könnte bedeuten, 15 Minuten früher aufzustehen oder 15 Minuten später ins Bett zu gehen. Vielleicht ist es sogar eine gute Idee, das Arbeitsbuch heimlich ins Badezimmer mitzunehmen!

2. Ein besonderer Ort.

Wenn du mit diesem Prozess beginnst, ist es wichtig, dir zu Hause einen Ort einzurichten, der nur dir gehört. Vielleicht reicht ein bequemer Stuhl mit ein paar Kissen und einer Decke oder ein besonderer Ort in deiner Wohnung, an dem es ruhig, gelassen und voll mit deiner freudvollen Energie ist. Mache es dir richtig schön, gestalte diesen Platz nach deinem Geschmack. Lege dieses Buch dahin und vielleicht ein paar andere inspirierende Bücher oder Gegenstände, die dir wichtig sind. Dieser Platz wird zu deinem heiligen Raum, wo du dich entspannen und in deine innere Welt eintauchen kannst.

3. Ein offener Geist und deine Bereitschaft.

Es mag sein, dass einige dieser Übungen bewusst einfach und vielleicht sogar banal erscheinen. Doch gerade in ihrer Einfachheit liegt ihre wahre Kraft. Oft sind es die kleinen, regelmäßigen Handlungen, die einen bedeutenden Einfluss auf unser Wohlbefinden haben. Also sei offen für die Magie der Einfachheit. Lass dich darauf ein, die vorgestellten Werkzeuge in deinen Alltag zu integrieren.

HERAUSFORDERUNGEN, DENEN DU AUF DEM WEG BEGEGNEN KANNST

Wenn du dich mit dem Thema Energieerhöhung und Lebensfreude befasst, kann es sein, dass du dich manchmal auf einem holprigen Weg befindest, auf Schlaglöcher stößt oder sogar am Straßenrand stehen bleibst. Diese Herausforderungen können in Form von Selbstzweifeln, Ängsten, zu viel zu tun, Ablenkungen, der Angst vor zu viel positiver Energie oder dem Gefühl, nicht würdig genug zu sein, um überhaupt anzufangen, auftreten.

Nun, meine tapfere Abenteurerin, erinnere dich daran, dass jede Fahrt ihre Höhen und Tiefen hat. Wenn du dich auf den Achterbahnsitz des Lebens begibst, gehört das dazu! Lass dich nicht entmutigen, wenn es mal holprig wird. Es ist wie beim ersten Mal Radfahren – du fällst hin, stehst wieder auf und findest schließlich deinen Rhythmus.

Wenn du jetzt beginnst, an deiner Frequenz zu arbeiten, bedeutet das nicht, dass alles in deinem Leben nur noch Friede, Freude, Eierkuchen ist. Es ist eher wie die Vorbereitung auf einen Marathon – du trainierst, baust Ausdauer auf und stehst immer wieder auf, wenn du hinfällst. Sei mutig und genieße die Aussicht, während du durch die Höhen und Tiefen fliegst!

SELBSTREFLEXION FÜR DIE REISE ZU INNERER ERFÜLLUNG: DEINE PERSÖNLICHE BESTANDSAUFNAHME

Bevor wir uns auf die spannende Reise zu innerer Erfüllung begeben, lade ich dich ein, einen kurzen Moment innezuhalten und eine kleine Bestandsaufnahme deines aktuellen Lebenszustands zu machen. Es ist ein wichtiger Schritt, um bewusst die Richtung für die kommenden Übungen zu setzen.

Finde einen ruhigen Ort, lasse den Stift über das Papier gleiten oder tippe deine Gedanken in dein Smartphone – ganz so, wie es für dich am angenehmsten ist. Diese kleine Reflexion wird nicht nur als Ausgangspunkt für unsere gemeinsame Reise dienen, sondern auch als persönlicher Maßstab für deinen individuellen Fortschritt. Sei dabei ehrlich zu dir selbst, nimm dir Zeit für diese Selbstbetrachtung und erkenne die wertvollen Facetten deines gegenwärtigen Lebens. Es gibt keine falschen Antworten, nur deine persönlichen Einsichten zählen.

ZUSÄTZLICH HIER EIN PAAR FRAGEN FÜR DICH:

Beschreibe deine typische Stimmung während eines Tages:

Ist deine Stimmung wie eine Achterbahnfahrt oder ist sie einigermaßen stetig?

Wie gehst du normalerweise mit Irritationen, Verärgerungen und Frustration um? Bist du schnell verärgert?

Wie kommt deine Wut zum Ausdruck? Wie reagierst du?

Was haben dir nahestehende Personen über deine Stimmung erzählt und dir rückgemeldet?

EMOTIONALE BESTANDSAUFNAHME

	1	2	3	4
Ich schlafe schlecht.				
Ich leide häufig unter Bauch- und Magenschmerzen.				
Ich habe öfter das Gefühl, einen Kloß im Hals zu haben.				
Ich leide häufig unter Kopfschmerzen.				
Ich grüble oft über das Leben nach.				
Ich bin oft traurig.				
Ich habe oft zu nichts mehr Lust.				
Ich habe stark ab- oder zugenommen.				
Meine Lust auf Sex ist deutlich zurückgegangen.				
Ich ziehe mich häufig zurück.				
Ich spüre innere Unruhe in mir.				
Ich kann mich schlecht konzentrieren.				
Ich habe Ein- und/oder Durchschlafprobleme.				
Ich nehme mir selten Zeit für Freunde.				
Ich nehme mir selten Zeit für mich und meine Hobbys.				

1 trifft gar nicht zu 2 selten 3 manchmal 4 trifft zu

VERSPRECHEN AN DICH SELBST

Herzlichen Glückwunsch! Du hast den ersten Schritt auf dem Weg zu innerer Erfüllung gemacht. Nun lade ich dich ein, ein persönliches Commitment einzugehen, um dir ab jetzt bewusst Zeit und Aufmerksamkeit zu schenken. Dieses Versprechen an dich selbst ist ein kraftvoller Schritt auf der Reise zu einem erfüllteren Leben.

Erinnere dich immer daran, dass du dieses Commitment für dich und deine innere Erfüllung eingegangen bist. Kleine Schritte führen zu großen Veränderungen, und du verdienst es, dir diese Zeit zu geben.

Dieses Buch wird dein Begleiter sein. Bereite dich darauf vor, die Leichtigkeit des Lebens zu erfahren und die Magie in den scheinbar simplen Momenten zu entdecken. Deine Reise zur inneren Erfüllung beginnt jetzt.

HEUTE STEHE ICH VOR MIR SELBST UND NEHME MIR FEIERLICH VOR:

Ich verspreche mir selbst, dass ich ab heute meinen Weg der Selbstentdeckung und des persönlichen Wachstums mit Mut und Entschlossenheit beschreite.

Ich öffne mein Herz für die Schönheit des Lebens und begrüße jeden Tag mit Dankbarkeit und Freude.

Ich vertraue darauf, dass das Universum mich auf meinem Weg führt und mich mit allem versorgt, was ich benötige, um zu wachsen und zu gedeihen.

Ich ehre meinen Körper als Tempel meiner Seele und pflege ihn liebevoll, indem ich auf seine Bedürfnisse höre und ihm die nötige Ruhe und Nahrung gebe.

Ich umarme die Liebe in all ihren Facetten und gebe sie großzügig weiter, wissend, dass sie uns alle miteinander verbindet.

Ich schaffe Raum für inneren Frieden, indem ich achtsam mit meinen Gedanken und Emotionen umgehe und mir erlaube, im Hier und Jetzt zu sein.

Ich bin bereit, die Wunder des Lebens zu empfangen und offen für die unerwarteten Segnungen, die jeden Tag auf mich warten.

Heute verspreche ich mir selbst, treu zu mir zu stehen, meinen Werten und Überzeugungen zu folgen und in jeder Situation die beste Version meiner selbst zu sein.

Mit diesem Versprechen im Herzen und voller Entschlossenheit,

____

DEIN NAME

Meine 3 Lebensweisheiten für mehr Gelassenheit

In jedem Lebensabschnitt, sei es in jungen Jahren oder im hohen Alter, taucht immer wieder die Frage auf: „Was mache ich hier eigentlich?" Mit „hier" ist das eigene Leben gemeint – sei es in Beziehungen, der Familie, im Beruf, dem eigenen Körper oder der finanziellen Situation. Warum bin ich bloß auf diesem Planeten gelandet? Die Frage nach dem Sinn des Daseins hilft uns jedoch nur begrenzt weiter. Wichtiger ist die Erkenntnis, dass das „Hier" nicht nur ein Ort ist, sondern auch eine Chance bietet: unsere Talente zu entfalten, Träume zu verwirklichen und Beziehungen zu vertiefen. Das Leben gleicht einer Achterbahnfahrt mit Höhen und Tiefen sowie unvorhersehbaren Kurven. Selbst wenn wir alle Ziele erreichen oder den ganzen Tag meditieren würden – manchmal fühlen wir uns wie auf dem Gipfel der Welt und dann wieder wackelig auf den Beinen.

Bevor wir uns gemeinsam anschauen, was du alles tun kannst, um mehr Strahlen und Wunder in dein Leben zu bringen, möchte mit dir darüber sprechen, wie du die Herausforderungen des Lebens mit einem Lächeln meistern kannst, denn auch wenn nicht alles nach Plan läuft, gibt es Wege, deinen inneren Glanz zu bewahren.

1. STOLPERSTEINE SIND SPRUNGBRETTER

Erst wenn man alle Hindernisse überwunden und Erfolg erlangt hat, werden die Rückschläge und Herausforderungen als wertvoll angesehen.

Das Leben ist wie eine endlose Serie von Überraschungsprüfungen. Wer kennt das nicht ... du arbeitest hart an einem Projekt, steckst all deine Energie und Zeit hinein, bist kurz vor dem Ziel, und dann kommt plötzlich eine unerwartete Wendung, die alles durcheinanderbringt. Vielleicht sagt dir dein Chef, dass das Projekt neu ausgerichtet werden muss, oder dass technische Probleme auftreten. Gerade eben lief noch alles glatt, und nun fühlt es sich an, als ob du gegen eine Betonwand rennst und einfach nicht vorankommst. Doch genau in solchen Momenten, in denen wir vor scheinbar unüberwindbaren Hindernissen stehen, liegt oft die größte Chance zu wachsen und zu lernen. Und mal ehrlich: Gehört es nicht zum Leben dazu, Hindernisse zu überwinden? Niemand hat jemals ein Ziel erreicht, ohne Hindernisse aus dem Weg zu schaffen!

Akzeptieren wir daher endlich: Nur durch Schwierigkeiten gewinnen wir neue Erkenntnisse und das Geschenk des Erfolgs. Ohne Niederlagen und Hindernisse gibt es einfach keine Möglichkeit zu wachsen oder sich weiterzuentwickeln. Anstatt also den Kopf in den Sand zu stecken, kannst du die Herausforderung als Chance betrachten, deine Flexibilität und Kreativität zu nutzen, um neue Lösungen zu finden. Also, beim nächsten Mal, wenn das Leben dir einen Stein in den Weg legt, erinnere dich daran: Jeder Stolperstein ist eigentlich ein Sprungbrett für deine persönliche Entwicklung. Und am Ende des Tunnels wartet nicht nur Licht, sondern auch die Erkenntnis, dass du selbst die härtesten Prüfungen überwinden kannst.

2. DIE STILLE LAST

Je zügiger du eine unliebsame Wahrheit annimmst, desto rascher entwickelst du dich weiter und überwindest sie.

Immer wenn ich etwas in meinem Leben gemieden oder unterdrückt habe, fühlte es sich an, als würde ich einen ungebetenen Gast in meinem Haus verstecken – er war immer da, nur nicht sichtbar. Und errätst du, was passiert ist? Ja genau, das Gefühl, dass etwas nicht stimmt, hat mich ständig begleitet wie eine lästige Melodie, die einfach nicht aus meinem Kopf verschwinden wollte und mich daran hinderte, mich zu entspannen und das Leben in vollen Zügen zu genießen. Aber irgendwann wurde mir klar, dass ich diesen unsichtbaren Gast nicht für immer verstecken konnte. Es war an der Zeit, ihm ins Gesicht zu sehen und ihm zu sagen: „Hey, du bist hier nicht willkommen! Es ist Zeit für dich zu gehen!"

Sobald ich den Mut aufbrachte, die unangenehme Wahrheit anzuerkennen – sei es, dass ich das falsche Fach studierte oder dass ich mich in meiner Beziehung nicht mehr wohl fühlte – öffnete sich plötzlich eine Tür zu neuen Möglichkeiten. Es war beängstigend, keine Frage, aber sobald ich den Mut aufgebracht hatte, mein Leben zu verändern, fühlte es sich an, als ob eine Last von meinen Schultern genommen wurde. Ich hatte endlich das Gefühl, die Kontrolle über mein Leben zurückzugewinnen. Also, wenn du das nächste Mal spürst, dass etwas nicht stimmt, zögere nicht, dich deinen Problemen zu stellen. Denn manchmal liegt die größte Erleichterung darin, den unsichtbaren Gast endlich hinauszuschicken und Platz für positive Veränderungen zu schaffen, statt auf lange Sicht in einem Lebensbereich festzustecken, der dich nicht mehr erfüllt.

3. SCHLUSS MIT DEM WARTEN: AKTIV WERDEN UND DAS LEBEN GESTALTEN

Zögere nicht darauf zu warten, dass sich Gelegenheiten ergeben, sondern kreiere sie selbst.

Wartest du immer noch darauf, dass das Universum dir all deine Wünsche erfüllt, während du auf der Couch sitzt und Chips isst? Nun, ich muss dich enttäuschen – das funktioniert leider nicht! Auch wenn es manchmal verlockend ist, auf die magische Eingebung zu warten oder darauf zu hoffen, dass sich die Dinge von selbst erledigen, werden wir dadurch nur frustriert und verpassen jede Menge Gelegenheiten. Hey, wir sind nicht als Publikum auf dieser Bühne des Lebens, sondern als Hauptdarsteller geboren! Es liegt an uns, die Regie zu übernehmen und unser Leben zu einem echten Blockbuster zu machen.

Also, anstatt auf den Lottogewinn zu warten oder auf den Prinzen auf dem weißen Pferd zu hoffen, sollten wir unsere Ärmel hochkrempeln und selbst die Initiative ergreifen! Überlege dir, welche Schritte du unternehmen kannst, um deine Träume zu verwirklichen. Vielleicht bedeutet das, neue Fähigkeiten zu erlernen, deine Komfortzone zu verlassen oder einfach den ersten Schritt zu machen, auch wenn er noch so klein erscheint. Denn oft sind es genau diese kleinen Schritte, die den Weg zu großen Veränderungen ebnen. Also, worauf wartest du noch? Die Bühne gehört dir!

Los geht's, lass uns nun gemeinsam die Bühne des Lebens betreten ...

KAPITEL 1

GEWOHNHEITEN

Die Kraft einer täglichen Gute-Laune-Praxis

Jeder Tag ist wie eine unbeschriebene Leinwand, bereit für neue positive Erfahrungen und fröhliche Momente. Wenn es gestern schwierig war, deinem Energie-Level den notwendigen Boost zu geben, kein Problem. Jeder Tag bietet dir die Chance, mit deiner persönlichen Energiearbeit zu beginnen. Indem du täglich daran arbeitest, schaffst du im Gehirn Verbindungen zwischen den Glücksneuronen. Dadurch werden fröhliche Informationen übertragen und bilden einen kunstvollen Pfad der Lebensfreude in deinem Kopf – fast so schön wie ein Regenbogen aus Freude und Glücksmomenten. Anfangs mag dies herausfordernd erscheinen, aber mit regelmäßiger Praxis wird jede Übung einfacher und entwickelt sich zu einer Gewohnheit.

Apropos Gewohnheit …

7 Gewohnheiten, die dich daran hindern zu strahlen

Gewohnheiten begleiten uns durch den Alltag wie leise Melodien – sie sind immer da, wir hören sie vielleicht nicht bewusst, aber sie prägen den Rhythmus unseres Lebens. Hast du dir jemals überlegt, was diese Gewohnheiten dich kosten könnten? Gewohnheiten sind wie kleine Abonnements, die unbemerkt jeden Monat abgebucht werden. Indem wir uns bewusst machen, welchen Preis wir zahlen, können wir entscheiden, ob es Zeit ist, unser Gewohnheitskonto zu überprüfen und vielleicht in Richtung eines lukrativeren Lebensstils umzuschwenken. So existieren sieben unkluge Angewohnheiten, die dich daran hindern können, ein Leben voller Freude, Fülle und Glücksmomente zu führen. Lass uns gemeinsam diese Gewohnheiten aufspüren und überwinden. Dadurch wirst du in der Lage sein, dein volles Potenzial auszuschöpfen und ein erfülltes sowie sinnhaftes Leben zu genießen.

1. DEIN GLÜCK, DEINE ENTSCHEIDUNG – RAUS AUS DEM JAMMERTAL

Es gibt viele Situationen, in denen wir uns unwohl fühlen. Das Geld, das nie bis zum Monatsende reicht. Der Job, der täglich Bauchschmerzen verursacht. Die Beziehung, in der wir uns ungeliebt und einsam fühlen. Oft fühlen wir uns machtlos gegenüber den Umständen. Es ist verlockend, sich zurückzulehnen oder anderen die Schuld zuzuschieben. Statt aktiv nach Lösungen zu suchen, verbringen wir unsere Zeit und Energie damit, uns über unsere Eltern, Kinder, Kollegen und Probleme zu beklagen, ohne sie tatsächlich anzugehen. Dies führt oft zu einem Gefühl der Stagnation und Frustration. Wir können doch nichts dafür, dass unser Partner so muffelig ist, der Job frustrierend ist oder die Eltern unfähig sind. Das Jammern kann eine Gewohnheit werden, die uns in einer Opferrolle gefangen hält, in der wir uns gegenüber den Herausforderungen unseres Lebens machtlos fühlen. Ich verstehe ja: Jammern mag vorübergehend erleichternd sein, aber letztendlich ändert es nichts an der Situation. Es ist ein bisschen, als würdest du versuchen, durch bloßes Starren eine Wand zum Verschwinden zu bringen. Keine Chance, oder? Doch statt ständig auf die Wand zu starren und zu jammern, könntest du ja auch mal schauen, ob es eine Tür gibt, durch die du gehen kannst. Denn egal, was es ist: Die Veränderung beginnt immer bei uns selbst. Du hast die Macht, aktiv an der Gestaltung deines gegenwärtigen Lebens zu arbeiten! Warte nicht darauf, dass sich andere ändern! Die Chefin, die Kollegen, der Partner, die Eltern usw. In diesen Fällen könntest du möglicherweise ewig warten. Letztendlich geht es immer darum, wie du mit diesen Umständen umgehst und wie du dich dir selbst gegenüber verhältst. Dein Glück liegt in deinen eigenen Händen – nicht bei anderen Menschen oder außerhalb deiner Kontrolle. Nimm das Ruder des Lebens fest in deine Hand und gestalte es so, wie es dir gefällt. Du hast das Recht, dein Leben immer wieder neu zu gestalten, bis es nicht mehr schlecht, sondern richtig gut ist. Und wenn das bedeutet, dass du deinen Beruf fünfmal wechseln, viermal umziehen und sechs neue Beziehungen eingehen musst, bis alles passt – dann ist das in Ordnung. Es ist ein wunderbares Gefühl, die Verantwortung für dein Leben selbst zu übernehmen und mit liebevoller und kraftvoller Energie voranzuschreiten. Ich versichere dir, dass sich dadurch deine Zukunft zum Positiven verändern wird. Also lasst uns mutig sein und die Verantwortung für unser eigenes Leben übernehmen!

ÜBUNG

TÜR STATT WAND SUCHEN

Wenn du dich in einer Situation befindest, in der du dich machtlos oder frustriert fühlst, versuche bewusst nach Möglichkeiten zu suchen, wie du aktiv etwas ändern kannst, anstatt dich nur zu beklagen. Stelle dir vor, dass du vor einer Wand stehst, die dich blockiert, und frage dich: Gibt es eine Tür, durch die ich gehen kann? Identifiziere konkrete Schritte oder Handlungen, die du unternehmen kannst, um die Situation zu verbessern oder zumindest besser damit umzugehen. Auch kleine Schritte können einen großen Unterschied machen und dir ein Gefühl von Handlungsfähigkeit und Kontrolle über dein Leben geben.

Affirmation:

Möge ich nicht länger in der Gewohnheit verharren, andere für meine aktuelle Situation verantwortlich zu machen. Aus Liebe heraus befreie ich mich von diesem Verhalten und trete selbstbewusst in meine eigene Kraft.

2. MANGELBEWUSSTSEIN ADE

Na, wer kennt nicht das Gefühl, dass das Leben einem einen Streich spielt und vorgaukelt, dass immer etwas fehlt? Vielleicht wurde man als Kind von einem gemeinen Kobold des Mangels heimgesucht, der suggerierte, dass es nie genug Süßigkeiten oder Abenteuer gibt und dass Glück und Erfüllung unerreichbar sind. Vielleicht haben Eltern oder Lehrer einem auch erzählt, was alles unmöglich sei. Auf dem Weg zur inneren Fülle ist es entscheidend, dieses Denken des Mangels zu überwinden.

Mangelbewusstsein kann sich auf so viele Bereiche auswirken – es ist wie der miesepetrige Partygast, der immer in der Ecke steht, fiese Kommentare macht und allen die Stimmung vermiest. Da stehst du in einem Geschäft, willst dir die langersehnte Tasche kaufen, bist bereit für einen kleinen Glücksmoment, und plötzlich meldet sich das schlechte Gewissen zu Wort. „Was sollen denn die Nachbarn denken?“, flüstert es dir zu, und plötzlich ist der ganze Spaß dahin! Aber das ist noch nicht alles! Es ist wie der nagende Zweifel, der dich davon abhält, deinen Träumen zu folgen, weil du glaubst, dass du sie nicht verdient hast. Oder wie die innere Stimme, die dir einredet, dass du nicht gut genug bist, um die Liebe und Anerkennung zu erhalten, die du dir sehnlichst wünschst. Es ist wie der ständige Vergleich mit anderen, der dich dazu bringt, dich kleinzumachen und deine eigenen Erfolge herunterzuspielen. Oder wie das Gefühl, dass dir immer etwas fehlt, selbst wenn du eigentlich alles hast, was du brauchst, um glücklich zu sein.

Erlaube mir jedoch, dir zu versichern: Ein Hauch von Luxus ab und zu hat noch niemandem geschadet! Wenn du also das nächste Mal darüber nachdenkst, ob du dir diese kleinen Freuden erlauben sollst, sei mutig und sage „Ja!“ zu einem kleinen Stück Glück. Denn manchmal ist ein Schokoriegel, ein spontaner Ausflug in den Wald oder an den Strand, oder der Besuch mit Freunden in deinem Lieblingscafé genau das Richtige, um dem Gefühl des Mangels entgegenzuwirken.

Lass uns also das schlechte Gewissen vertreiben und uns stattdessen auf die schönen Seiten des Lebens konzentrieren. Denn wer hat schon Zeit für negative Stimmungsmacher, wenn es so viele Möglichkeiten gibt, das Leben in vollen Zügen zu genießen?

ÜBUNG

KLEINE FREUDEN GENIESSEN

Erlaube dir bewusst, kleine Freuden und Luxusmomente in dein Leben zu integrieren, ohne dich von Schuldgefühlen zurückhalten zu lassen. Besuche dein Lieblingscafé, gönne dir eine Leckerei, verbringe Zeit in der Natur oder entdecke deine kreative Seite und gönne dir Zeit für ein künstlerisches Hobby, das dir Freude bereitet. Genieße diese Momente voller Dankbarkeit und Freude, um dein Gefühl von Fülle zu stärken. Lass dich nicht von negativen Gedanken abhalten, sondern erlaube dir, das Leben in vollen Zügen zu genießen. Du hast es verdient, dich selbst zu verwöhnen und das Leben in seiner vollen Pracht zu erleben.

Affirmation:

Möge ich meine Ressourcen auf intelligente Weise in Dinge investieren, die mir ein Gefühl von Freude und Leichtigkeit vermitteln, damit ich auf meinem Weg der Fülle voranschreiten kann.

3. ERKENNE DEINE EINZIGARTIGKEIT

Jeder Mensch geht seinen eigenen Weg und hat seine ganz eigene Geschichte. Denke an deine Freunde – jeder hat seine besonderen Talente und Fähigkeiten, die ihn einzigartig machen. Das Gleiche gilt für dich! Wenn du dich ständig mit anderen vergleichst, wird es schwer, Zufriedenheit zu finden. Vergleiche sind wie kleine Diebe, die deine Freude stehlen. Konzentriere dich stattdessen auf dein eigenes Wachstum und lerne jeden Tag dazu – so wirst auch du irgendwann erfolgreich sein!

Hast du schon einmal einen Apfel mit einer Birne verglichen? Beide sind köstliche Früchte, aber sie sind völlig unterschiedlich. Genau wie Menschen! Du musst nicht versuchen, wie jemand anderes zu sein. Höre auf, dich selbst zu bestrafen, nur weil du denkst, dass du jemand sein musst, der du nicht bist. Konzentriere dich auf deine eigenen Stärken und Talente. Jeder Mensch hat etwas Einzigartiges zu bieten, das ihn von anderen unterscheidet. Finde heraus, was dein besonderes Talent ist, ob es das Lachen, die Kreativität oder etwas anderes ist, und entwickle es weiter. Denke daran, das Leben ist kein Wettbewerb. Es geht darum, glücklich zu sein und Erfüllung in dem zu finden, was du tust. Wenn du ständig versuchst, jemand anderem nachzueifern oder besser als andere zu sein, verlierst du den Blick für dich selbst. Das wäre so, als ob ein Hund versucht, wie eine Katze zu schnurren – es funktioniert einfach nicht! Wenn dir der Neid doch einmal wieder hochkommt, atme tief durch! Erinnere dich daran, dass du immer an dem Ort und an der Stelle bist, an der du am meisten wachsen und Glück erleben kannst. Freude zieht Freude an, während Neid Mangel anzieht. Warum also den eigenen Energiefluss und deine neue Realität durch Neid blockieren? Konzentrieren wir uns stattdessen auf die Fülle und das Gute im Leben. Stell dir vor, du begegnest einer Person, die gerade eine großartige Neuigkeit teilt, und du spürst echte Freude, anstatt dich in vergleichenden Gedanken zu verlieren. So fließt positive Energie in dein Leben, und du manifestierst eine Realität voller Fülle und Glücksmomente.

ÜBUNG

VERGLEICHSSTOPP-TECHNIK

Trainiere dich selbst darin, negative Vergleiche mit anderen bewusst zu stoppen und durch positive Gedanken zu ersetzen. Sobald du dich dabei ertappst, wie du dich mit anderen vergleichst und dich dabei minderwertig fühlst, unterbreche diesen Gedanken bewusst und lenke deine Aufmerksamkeit auf deine eigenen Stärken und Erfolge. Frage dich selbst, was du in diesem Moment gut gemacht hast oder was dich einzigartig macht. Zusätzlich entferne bewusst auf den sozialen Medien Inhalte oder Personen, die negative Vergleiche fördern oder dein Selbstwertgefühl beeinträchtigen könnten. Verbringe stattdessen Zeit mit Menschen und Inhalten, die dich inspirieren, motivieren und unterstützen.

Affirmation:

Ich bin wertvoll und einzigartig – so wie ein Einhorn in einer Herde von Pferden.

4. WIDERSTEHE DEN VERLOCKUNGEN DES ALLTAGS

Setze deine inneren Grenzen für ein glücklicheres Leben. Die größte Herausforderung auf dem Weg zum Glücklichsein liegt oft darin, Dinge abzulehnen, die dir nicht guttun. Besonders wenn sie so verführerisch sind wie eine Schachtel Pralinen. Ich meine, wer kann schon einer köstlichen Versuchung widerstehen? Da kannst du dir hundertmal vorgenommen haben, dieses Jahr im Sommer mit deiner besten Figur aufzutrumpfen – Praline da! Zack, aufgegessen! Vielleicht schaust du immer bis spät in die Nacht Serien, lässt dich leicht ablenken, bist ständig in den sozialen Medien, trinkst zu viel Kaffee, isst zu viel oder zu wenig ..., anstatt endlich Dinge zu tun, die dich wirklich deinem persönlichen Ziel näherbringen.

Diese Verlockungen können derart fest in unseren Alltag eingebunden sein, dass es eine wirkliche Schwierigkeit darstellt, ihnen nicht mehr nachzugeben. Es bedarf Mut und Entschlossenheit, sich von diesen Verführungen des täglichen Lebens zu lösen und Raum für positive Veränderungen zu schaffen. Es ist wie ein endloses Hin und Her zwischen dem Wunsch nach kurzfristigem Vergnügen und dem langfristigen Bedürfnis nach innerem Frieden und Wohlbefinden. Anfangs mag es schwer sein, die Verlockungen zu erkennen, die dich zurückhalten, und du brauchst Mut, sie zu überwinden. Wenn du jedoch den Entschluss fasst, dich von dem zu befreien, was dir schadet und nicht guttut, wirst du Platz schaffen für das, was dich wirklich erfüllt und glücklich macht. Mit der Zeit wirst du sogar feststellen, dass es dir Freude bereitet, Nein zu sagen – denn du hast endlich den Geschmack eines freien und freudvollen Lebens entdeckt. Trau dich also, Nein zu sagen – denn das bedeutet auch Ja zum eigenen Wohlbefinden!

ÜBUNG

VERSUCHUNGS-VERZICHTS-PLAN ERSTELLEN:

Führe ein Tagebuch über deine täglichen Verlockungen und wie du mit ihnen umgehst. Notiere jeden Tag, welche Verführungen dir begegnen und wie du darauf reagierst. Identifiziere die größten Versuchungen in deinem Leben und überlege dir Strategien, wie du ihnen entgegenwirken kannst. Das können zum Beispiel sein: das Entfernen von Pralinen aus deinem Sichtfeld, das Festlegen fester Zeiten für soziale Medien oder das Einrichten einer „bildschirmfreien" Zone in deinem Schlafzimmer. Teile diesen Plan in kleine, machbare Schritte auf und du wirst schnell merken, wie gut es sich anfühlt, die Versuchungen zu notieren und dir jedes Mal vor Augen zu halten, wie stark du eigentlich bist.

Affirmation:

Ich wähle bewusst, nur das in mein Leben zu lassen, was mir guttut und mich glücklich macht.

5. WORTE FORMEN REALITÄT: WARUM DEINE SPRACHE ENTSCHEIDEND FÜR DEIN GLÜCK IST

Sicherlich hast auch du schon mal zu dir selbst gesagt: „Oh Mann, ich bin so tollpatschig!" oder „Ich bin so ein Idiot!" Wenn du dich als tollpatschig bezeichnest oder dir selbst sagst, dass du ein Idiot bist, dann beeinflusst es dich. Selbstgespräche können zu einem endlosen Kreislauf negativer Gedanken führen, der deine Stimmung und dein Selbstwertgefühl beeinträchtigt. Worte sind mächtiges Werkzeug, das sowohl Wunder bewirken als auch Chaos anrichten kann. Worte sind wie kleine Zaubertränke – sie können heilen, inspirieren und sogar die Welt verändern. Jeder von uns hat die Macht, durch seine Worte eine positive Veränderung herbeizuführen. Es ist an der Zeit, dass wir uns bewusst werden, wie wir unsere Sprache einsetzen, sowohl zu uns selbst als auch zu anderen.

Wie gibst du deinen Gedanken und Worten Ausdruck? Teilst du positive Erlebnisse oder verfällst du in Kritik und Klagen? Welche Sprache wählst du in Gesprächen? Zeigst du Wertschätzung? Sprichst du respektvoll über andere? Bedenke stets, dass die Art und Weise, wie du dich ausdrückst, auf dich selbst zurückwirkt. Die Sprache, die wir verwenden, ist nämlich nicht nur ein Mittel zur Kommunikation, sondern auch ein mächtiges Werkzeug zur Gestaltung der eigenen Realität. Ein faszinierendes Beispiel dafür ist die Formulierung „sich beschweren". Schauen wir uns das mal genauer an: „Beschweren" besteht aus den Silben „be-" und „schwer". Das Präfix „be-" bedeutet „zusätzlich" oder „verstärkt", während „schwer" auf Gewicht oder Last hinweist. Also, wenn wir uns beschweren, fügen wir uns im Grunde genommen freiwillig noch ein paar extra Gewichte zu. Als würden wir sagen: „Weißt du was? Mein Leben ist nicht schon schwer genug, lass uns noch ein paar Felsbrocken draufpacken!"

Achte darauf, stets eine positive und unterstützende Sprache zu verwenden. Dadurch verbesserst du nicht nur deine zwischenmenschlichen Beziehungen, sondern beeinflusst auch positiv deine eigene innere Welt. Vermeide es deshalb, negativ über dich selbst zu sprechen, auch nicht im Scherz. Sei dein eigener bester Freund und behandle dich selbst mit der Liebe und Wertschätzung, die du anderen entgegenbringst.

ÜBUNG

FREUNDLICHER DIALOG MIT DIR SELBST

Beginne damit, deine Selbstgespräche bewusst wahrzunehmen. Achte darauf, wann und in welchen Situationen du negative oder selbstkritische Gedanken hast. Wenn du einen selbstkritischen Gedanken bemerkst, halte inne und notiere ihn. Achte darauf, wie du dich dabei fühlst und wie du normalerweise darauf reagierst. Überlege anschließend, wie du den negativen Gedanken in eine mitfühlendere Botschaft umformulieren könntest, die du dir selbst geben würdest, als wärst du ein liebevoller Freund zu dir selbst als Kind. Ein Beispiel dafür könnte sein, dass du nach dem Fallenlassen deines Handys denkst: „Ich bin so ein Schussel". Eine mitfühlendere Antwort könnte lauten: „Macht nichts, es ist nicht kaputt gegangen. Ich bin sicher, dass ich nicht der erste Mensch bin, dem ein Telefon herunterfällt. Ich kann vorsichtiger sein, aber es ist okay, Fehler zu machen. Ich bin immer noch wertvoll und liebenswert."

Affirmation:

Ich wähle meine Worte bewusst und gestalte meine Realität positiv.

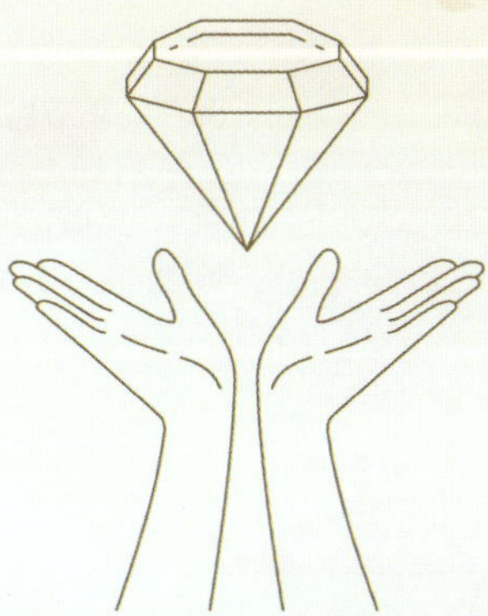

6. BEREINIGE REGELMÄSSIG DAS CHAOS UND ORGANISIERE DEIN LEBEN

Okay, es ist Zeit für eine kleine Beichte! Wie sieht es in deiner Handtasche oder deinem Portemonnaie aus? Tummeln sich dort alte Rechnungen, Süßigkeitenpapiere und verlorenes Kleingeld? Und was ist mit deinem Kleiderschrank – ist er vollgestopft mit alter Kleidung, die du seit Jahren nicht mehr getragen hast? Vielleicht verstecken sich abgelaufene Gewürze in der tiefsten Ecke deines Küchenschranks?

Stell dir vor, du findest in deiner Handtasche plötzlich den Autoschlüssel auf Anhieb, ohne durch einen Haufen alter Kassenzettel wühlen zu müssen. Oder wie wäre es, wenn du in deinem aufgeräumten Kleiderschrank sofort das perfekte Outfit für den Tag findest, ohne von ausrangierten Klamotten abgelenkt zu werden? Ein organisiertes Leben kann so einfach und freudvoll sein!

Es ist an der Zeit, diesem Chaos ein Ende zu setzen und sich daran zu erinnern, dass das Universum Ordnung schätzt. Schaffe Platz für Wohlstand und Erfolg, indem du regelmäßig deine Handtasche und dein Portemonnaie aufräumst. Gib deiner Kleidung eine zweite Chance, indem du ausmistest und sie spendest. Und verabschiede dich von den abgelaufenen Gewürzen, um Platz für frische Zutaten zu schaffen. Du wirst erstaunt sein, wie viel leichter und erfolgreicher du dich fühlst, wenn du erst einmal Ordnung geschaffen hast.

ÜBUNG

AUFRÄUMTAGE

Öffne deinen Kalender oder dein Planungstool und suche einen Tag im nächsten Monat aus, der sich gut für einen umfassenden Aufräumtag eignet. Nenne diese Veranstaltung klar und deutlich, z. B. „Kleiderschrank-Aufräumtag“ oder „Küchenschrank-Reorganisation“. Nutze diesen Tag, um dich von nicht mehr benötigten Gegenständen zu trennen, abgelaufene Produkte zu entsorgen und deine verbleibenden Sachen ordentlich zu sortieren und zu organisieren.“

Affirmation:

Ich schaffe Raum für Wohlstand und Erfolg, indem ich regelmäßig aufräume und Ordnung halte.

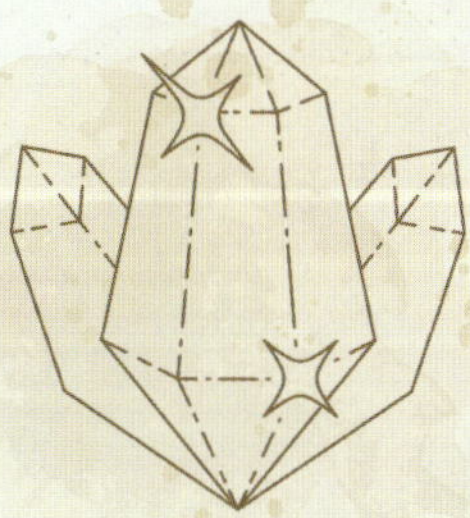

7. DIE KRAFT DER GEDULD: DER WEG ZU FREUDE, LEICHTIGKEIT UND WOHLSTAND

In unserer schnelllebigen Welt, in der alles auf Knopfdruck verfügbar scheint, fällt es oft schwer, Geduld zu wahren. Die Sehnsucht nach unmittelbaren Ergebnissen und schnellen Veränderungen kann uns jedoch von der wahren Freude, Leichtigkeit und dem Wohlstand abhalten, den wir uns so sehr wünschen. Ungeduld ist wie Unkraut, das in unseren Gedanken und Gefühlen wächst und uns davon abhält, den gegenwärtigen Moment zu schätzen. Sie entsteht oft aus dem Verlangen nach Unmittelbarkeit, sei es im beruflichen Erfolg, in zwischenmenschlichen Beziehungen oder persönlichem Wachstum. Geduld ist mehr als nur das Warten auf Ergebnisse; es ist die Fähigkeit, den Prozess zu ehren, durch den wir gehen. Wenn wir lernen, die Schritte auf unserem Weg zu schätzen und in jedem Moment präsent zu sein, öffnen sich Türen zu einer tieferen Freude.

ÜBUNG

ACHTSAME AKTIVITÄTEN IM ALLTAG

Integriere achtsame Praktiken in deine täglichen Routinen, um Geduld zu üben und zu entwickeln. Beim Essen zum Beispiel nimm dir Zeit, jeden Bissen bewusst zu genießen und dich auf die Aromen und Texturen zu konzentrieren, anstatt es hastig herunterzuschlingen. Beim Gehen achte bewusst auf jeden Schritt und spüre den Boden unter deinen Füßen. Wenn du dich in Wartesituationen befindest, wie z. B. in einer Warteschlange oder im Verkehr, nutze die Gelegenheit, um bewusst zu atmen und deine Gedanken zur Ruhe zu bringen. Diese kleinen Momente der Achtsamkeit im Alltag helfen dir, Geduld zu üben und zu kultivieren, während du dich auf den gegenwärtigen Moment konzentrierst.

Affirmation:

In meiner Geduld finde ich die Kraft, jeden Moment meines Lebens zu schätzen.

Es ist entscheidend, all diese ungünstigen Gewohnheiten konsequent aus unserem Leben zu eliminieren, denn sie können uns daran hindern, unser volles Potenzial zu entfalten und ein erfülltes Leben zu führen. Diese Gewohnheiten können uns in negativen Denk- und Verhaltensmustern gefangen halten, die unsere Lebensqualität beeinträchtigen. Der Prozess der Veränderung erfordert oft Entschlossenheit und Durchhaltevermögen, doch indem wir uns bewusst von diesen Gewohnheiten trennen geben wir uns die Möglichkeit, unser Leben aktiv zu gestalten.

7 Gewohnheiten, die dich zum Strahlen bringen!

Nachdem wir uns nun ausführlich mit den sieben ungünstigen Gewohnheiten beschäftigt haben, die uns oft hinunterziehen und uns lähmen, wird jede Menge Energie frei. Diese nächsten sieben Gewohnheiten sind darauf ausgelegt, dich zum Strahlen zu bringen und dir zu einem glücklicheren Leben zu verhelfen. Denn inmitten des Trubels des Alltags gibt es sie – die kleinen Praktiken und Routinen, die uns zum Strahlen bringen und dich dabei unterstützen, dein volles Potenzial zu entfalten. Diese sieben Gewohnheiten sind wie strahlende Sterne am Himmel der Selbstverbesserung, die uns leiten und inspirieren. Indem du diese neuen Gewohnheiten in dein Leben integrierst und konsequent an ihnen arbeitest, wirst du bald die transformative Kraft spüren, die sie auf dein Wohlbefinden und deine Lebensqualität haben können. Lass uns gemeinsam einen Blick auf diese leuchtenden Wege werfen, die uns zu einem Leben voller Glanz und Erfüllung führen!

1. DU BIST DIE NUMMER 1

Sich selbst an die erste Stelle zu setzen, mag anfangs vielleicht so wirken, als würdest du versuchen, mit High Heels auf einem Schaukelpferd zu balancieren – etwas anspruchsvoll und vielleicht sogar ein wenig unbequem. Du denkst vielleicht: „Wie soll das gehen? Zwischen Arbeit, Rechnungen, Einkäufen, der Betreuung von Familie, Freunden und sogar dem flauschigen Vierbeiner bleibt für meine eigenen Bedürfnisse kaum Zeit.“ Ich habe oft genug darüber nachgedacht, und es fühlt sich manchmal an, als würde man versuchen, Bälle aus Eiscreme zu jonglieren – eine ziemlich rutschige Angelegenheit. Doch das ist der Spaß dabei. Sich selbst an die erste Stelle zu setzen, mag zunächst deiner Persönlichkeit und den gesellschaftlichen Erwartungen widersprechen. Als jemand, der gerne alles für andere erledigt, ist es, als würde man versuchen, einen Regenschirm zu öffnen, bevor es anfängt zu regnen – absurd und irgendwie verkehrt herum. Aber lerne, auf deine eigenen emotionalen und körperlichen Grenzen zu hören. Wenn du nicht beharrlich deine Grenzen setzt, wirst du ständig die Träume von anderen verwirklichen, aber nicht deine eigenen. Ich habe hart daran gearbeitet, meine Grenzen zu definieren und mich selbst an die erste Stelle zu setzen. Denn ich habe festgestellt, dass ich in der Vergangenheit mehr Zeit damit verbracht habe, die Träume und Projekte anderer zu unterstützen, als meine eigenen zu verfolgen. Ja, ich war der ultimative Cheerleader für alle anderen, aber wenn es um mich selbst ging, war ich ein Goldfisch im Teich – viel Bewegung, aber kaum vorwärtskommen! Doch schließlich habe ich den Schalter umgelegt und beschlossen, dass es höchste Zeit war, mir selbst den roten Teppich auszurollen und meine eigenen Träume auf die Bühne zu bringen.

Wenn du dich selbst an die erste Stelle setzt, wirst du die erstaunlichen Vorteile dieser Veränderung erleben. Es ist, als würde ein verrosteter Motor plötzlich anfangen zu schnurren, nachdem du ihm die nötige Aufmerksamkeit geschenkt hast. Sich selbst an die erste Stelle zu setzen, gibt dir die Kontrolle über die emotionale Achterbahn. Du bestimmst, wann es bergab geht und wann du in voller Fahrt die Arme in die Luft strecken kannst. Denk daran, es geht nicht darum, den ganzen Tag in einer Blase aus Glitzer und Einhornstaub zu leben. Das Leben hat Höhen und Tiefen, aber wenn du dir selbst die Priorität gibst, kannst du diese Achterbahnfahrt mit einem breiten Grinsen im Gesicht genießen.

ÜBUNG

TRAUMLISTE UND MONATLICHE ZIELE

Nimm dir Zeit, um über deine langfristigen Ziele und Träume nachzudenken. Was möchtest du in verschiedenen Bereichen deines Lebens erreichen? Ob es um Karriere, persönliche Entwicklung, Gesundheit, Beziehungen oder Hobbys geht, schreibe alles auf, was dir wichtig ist. Lass deiner Fantasie freien Lauf und sei mutig in deinen Träumen. Gehe deine Traumliste durch und setze dir jeden Monat ein kleines Ziel, das dich deinen eigenen Träumen näherbringt. Feiere jeden Erfolg, egal wie klein er sein mag.

Affirmation:

Ich setze meine eigenen Bedürfnisse an die erste Stelle und erlebe die erstaunlichen Vorteile dieser Veränderung.

2. TÄGLICH ZEIT FÜR DICH

Die Zeit für sich selbst zu finden, mag zuerst wie der Versuch erscheinen, den verlorenen Schatz im Garten von Atlantis zu finden – vielleicht mythologisch, aber keineswegs unmöglich. Aber im Gegensatz zu einem sagenumwobenen Einhorn ist die Zeit für dich nicht nur möglich, sondern auch entscheidend für dein Wohlbefinden. Wie ein Akku brauchst auch du regelmäßige Ladezeiten. Das Leben kann manchmal wie ein Wirbelsturm wirken, aber die Zeit für dich selbst ist der ruhige Ort im Zentrum des Sturms. Hier kannst du dich sammeln und den Stress des Tages loslassen.

Denk daran, es geht nicht darum, Stunden freizuschaufeln, sondern kleine, machbare Momente der Selbstfürsorge in deinen Alltag zu integrieren. Es sind oft die kleinen Dinge, die den größten Unterschied machen. Also gönn dir den Luxus, für dich selbst da zu sein! Selbst als meine Kinder noch klein waren, musste ich mir kreative Wege ausdenken, um diese kleinen Lebensfreude-Booster in meinen Tag einzubauen. Ein spontanes Tanz-Minikonzert in der Küche oder ein lustiges Versteckspiel im Bad – die Möglichkeiten sind endlos. Selbst fünf Minuten sind besser als nichts. Auch wenn du manchmal mit deinen eigenen Angelegenheiten beschäftigt bist oder in Gedanken versunken, gibt es immer wieder Gelegenheiten, dich um dich selbst zu kümmern. Eine Tasse heißer Tee, der Duft deiner Seife oder die wärmende Sonne auf deinem Gesicht – diese Momente kommen und gehen oft unbemerkt an dir vorbei. Doch genau diese fünf Minuten können bereits einen Unterschied machen. In diesen kurzen Augenblicken sei vollkommen präsent und bewusst. Denn auch wenn sie knapp erscheinen mögen, so sind sie dennoch kostbar und haben großes Potenzial für Veränderung in sich. Lerne achtsam zu sein und nimm jeden Gedanken, jedes Gefühl und jede körperliche Empfindung ohne Bewertung wahr. Der Schlüssel liegt darin, diese kleinen Freuden zu erkennen und ihre positive Wirkung zu nutzen. Denn manchmal sind es gerade die kleinen Glücksmomente, die den Tag erhellen und das Leben bunter machen.

ÜBUNG

MINI-AUSZEITEN IM ALLTAG

Identifiziere drei kurze Momente während deines Tages, die du für dich selbst nutzen kannst. Das könnten die Minuten sein, die du morgens beim Frühstück hast, die Zeit während deiner Mittagspause oder die Momente vor dem Einschlafen. Nutze diese Zeit bewusst für dich selbst. Verbringe sie mit einer Tätigkeit, die dir Freude bereitet oder einfach nur mit dem bewussten Genießen des Augenblicks.

Affirmation:

Ich gönne mir den Luxus, regelmäßig meinen eigenen Akku aufzuladen und für mich selbst da zu sein.

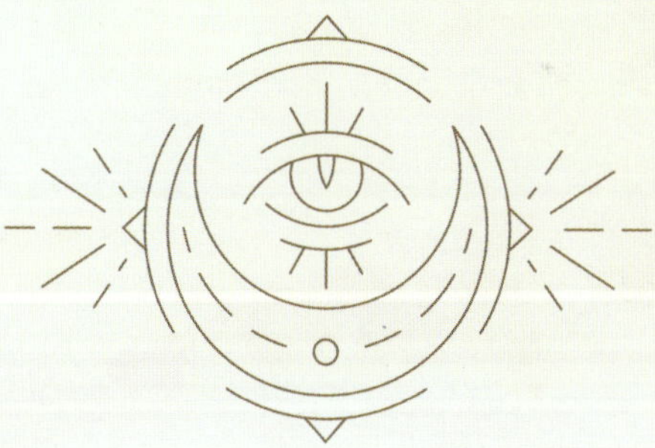

3. MORGENZAUBER

Der bewusste Start in den Tag hat einen enormen Einfluss auf seinen Verlauf. Also stelle ich den Wecker morgens zehn Minuten früher, nicht um den Weltfrieden zu retten, sondern um mich gemütlich ins Bett zu kuscheln und den Sonnenaufgang als VIP-Zuschauer zu genießen. Es ist wie ein privates Feuerwerk, das den Tag feierlich einläutet.

Es gibt eine Fülle an Möglichkeiten, den Tag zu beginnen, von warmem Wasser trinken, über Meditation bis hin zum Ölziehen, Yoga praktizieren oder joggen gehen. Wie viel Zeit du dafür aufwendest, ist von unerheblicher Bedeutung – es können 10 Minuten oder auch zwei Stunden sein. Wichtig ist, dass du deine individuelle Morgenroutine findest und dabei stets im Bewusstsein bist, dass du es für dich selbst tust. Das Wichtigste an der Morgenroutine: Sie muss für dich motivierend, machbar und nützlich sein. Es gibt nur eine Regel: Bleibe offline während deiner Morgenroutine!

Tipp:

Fange erst mal klein an. Nach dem Aufwachen solltest du nicht sofort dein Smartphone zur Hand nehmen, sondern dich noch ein paar Minuten im Bett entspannen. Bleibe einfach noch liegen, atme bewusst und tief ein und lade den Tag mit positiver Energie ein. Und dann nimm dir einen Moment, strecke dich, lächle und sage zu dir selbst: Heute wird ein wunderbarer Tag!

Affirmation:

Meine Morgenroutine ist der schönste Teil meines Tages, und ich investiere Zeit in mich selbst, um entspannt und voller Gelassenheit machbar und nützlich in den Tag zu starten.

6:30
im Bett bleiben, bewusst atmen und lächeln

6:35
Toilette gehen, Zungenreiniger, Wasser ins Gesicht, ein warmes Glas Wasser oder Tee trinken

6:40
Morgenseiten schreiben oder Meditation

6:50
Frischluft am Fenster tanken, kleine Yogaeinheit

7:05
ab unter die Dusche, mach dich hübsch für den Tag

7:25
gesundes Frühstück

7:45
den Tag bewusst planen, Pausen setzen

7:45
Entspannter Start in den Tag

Damit du deinen Tag mit einem wohltuenden Start begrüßen kannst, habe ich eine Morgenmeditation für dich im Onlinebereich.

4. SCHLAF DICH FIT: DIE GEHEIMWAFFE FÜR EIN STRAHLENDES LEBEN!

Schlaf ist weit mehr als nur eine Auszeit für ruhige Tage – er ist deine Geheimwaffe für ein glänzendes Leben! Schlaf ist wie das Superheldenkostüm, das du brauchst, um den täglichen Trubel zu meistern. Während du schläfst, arbeitet dein Körper fleißig daran, sich selbst zu regenerieren und zu reparieren. Angefangen von der Reparatur deiner Muskeln bis hin zur Stärkung deines Immunsystems – Schlaf ist der ultimative Heilmeister, der deine Energiereserven wieder auffüllt und dich für den nächsten Tag bereit macht. Dein Gehirn ist eben kein Roboter, der rund um die Uhr funktionieren kann. Es benötigt Pausen und Erholung, um seine volle Leistung zu entfalten. Während du schlummerst, sortiert dein Gehirn Informationen, festigt Erinnerungen und lädt deine kreative Energie auf.

Die optimale Schlafdauer variiert von Person zu Person. Einige benötigen sieben Stunden, andere neun Stunden Schlaf, um sich vollständig erholt zu fühlen. Das Geheimnis liegt darin herauszufinden, welche Schlafdauer für dich am besten geeignet ist. Experimentiere mit verschiedenen Bettgehzeiten und achte darauf, wie lange du schläfst und wie du dich am nächsten Tag fühlst. Sobald du deine ideale Schlafdauer gefunden hast, halte dich daran, um deinem Körper die beste Erholung zu ermöglichen.

Damit du gut schlafen kannst, sind einige Tipps hilfreich:

Schaffe eine ruhige und entspannende Schlafumgebung, indem du vor dem Zubettgehen Bildschirmzeit vermeidest und dein Schlafzimmer dunkel, kühl und leise machst. Vermeide es, kurz vor dem Zubettgehen schwere Mahlzeiten zu essen oder Koffein zu konsumieren. Entwickle eine abendliche Routine, die dir hilft, dich zu entspannen, wie zum Beispiel ein warmes Bad, sanfte Dehnübungen oder das Lesen eines Buches. Wenn du immer noch Schwierigkeiten beim Einschlafen hast, versuche Entspannungstechniken wie Meditation oder Atemübungen, um deinen Geist zu beruhigen und dich auf den Schlaf vorzubereiten.

Affirmation:

Mein Schlaf ist kostbar und ich gönne mir jede Nacht die Erholung, die ich verdient habe.

Entspanne dich und finde sanft in den Schlaf. Genieße eine beruhigende Einschlafmeditation im Onlinebereich für eine erholsame Nacht.

5. BEWEGUNG FÜR MEHR ENERGIE UND GUTE LAUNE

In einer Welt, in der Sitzen oft die Norm ist, verlieren wir manchmal den Kontakt zu unserer natürlichen Quelle der Energie: Bewegung. Es ist, als würden wir einen Fluss blockieren und erwarten, dass das Wasser frei fließt. Unser Körper sehnt sich nach Bewegung, nach Aktivität, nach einem Ausweg aus der Stagnation. Denn Energie möchte bewegt werden, und wenn sie es nicht tut, fühlen wir uns wie ein Auto mit leerem Tank, das sich ruckelnd vorwärtsbewegt.

Das Problem des übermäßigen Sitzens ist nicht nur körperlicher Natur. Es hat auch einen starken Einfluss auf unsere Stimmung und unser emotionales Wohlbefinden. Denk darüber nach: Wie fühlst du dich, wenn du den ganzen Tag auf einem Stuhl sitzt, ohne dich zu bewegen? Wahrscheinlich nicht gerade begeistert. Das liegt daran, dass Bewegung nicht nur unserem Körper Energie gibt, sondern auch unserem Geist. Wenn wir uns bewegen, werden Glückshormone freigesetzt, die uns ein Gefühl von Wohlbefinden und Zufriedenheit vermitteln. Also, was können wir tun, um diese Energie zu entfesseln und unsere gute Laune zu steigern? Es ist einfacher, als du vielleicht denkst. Fang einfach an, dich mehr zu bewegen. Das kann bedeuten, dass du regelmäßig spazieren gehst, Fahrrad fährst, tanzt, Yoga machst oder an einem Fitnesskurs teilnimmst. Das Ziel ist es, deinen Körper in Bewegung zu bringen und dich wieder mit deiner natürlichen Energiequelle zu verbinden. Denke daran, dass es nicht darum geht, perfekt zu sein oder ein bestimmtes Fitnessniveau zu erreichen. Es geht darum, dich zu bewegen und Spaß dabei zu haben. Finde Aktivitäten, die dir Freude bereiten. Vielleicht entdeckst du dabei sogar eine neue Leidenschaft oder ein neues Hobby. Also, worauf wartest du noch? Sorge dafür, dass du dich regelmäßig bewegst und spüre, wie die Energie durch deinen Körper fließt. Deine gute Laune wird es dir danken!

Affirmation:

Ich bin voller Energie und Lebensfreude, wenn ich mich bewege. Jeder Schritt, steigert meine gute Laune und stärkt meinen Körper.

Entdecke die Freude der Bewegung! Finde dein Gleichgewicht und stärke deinen Körper mit einer Yoga-Session im Onlinebereich.

6. DIE HEILENDE KRAFT DER NATUR

Tauche ein in die belebende Welt der Natur und erlebe, wie all deine Sorgen und Probleme auf wundersame Weise schrumpfen, wenn auch nur für einen Augenblick. Es gibt kaum etwas Vergleichbares zu dem Gefühl, tief in den Wald einzutauchen und von der Ruhe und Gelassenheit der Natur umgeben zu sein. Aber nicht nur der Wald hat diese transformative Wirkung. Denke an das sanfte Rauschen der Wellen am Strand, das beruhigende Grün der weiten Wiesen oder das majestätische Panorama der Berge. Jeder Ort in der Natur hat seine eigene einzigartige Magie, die darauf wartet, von dir entdeckt zu werden.

Wenn sich der Alltag über mir zu türmen scheint und ich mich überwältigt und ausgelaugt fühle, ist die Natur mein Rettungsanker. Die Minuten verfliegen, sobald ich zwischen den majestätischen Bäumen schlendere, den Sand zwischen meinen Zehen spüre oder den Wind durch mein Haar wehen lasse. Schon bald spüre ich eine bemerkenswerte Veränderung in meiner Stimmung und meinem Gemüt. Das leise Rauschen der Blätter im Wind, das sanfte Plätschern der Wellen oder das Zwitschern der Vögel haben eine unbeschreiblich beruhigende Wirkung auf meine Seele. Die Sorgen und Ängste des Alltags scheinen plötzlich so klein und unbedeutend im Vergleich zur unendlichen Weite und Schönheit der Natur. Nach einem Aufenthalt in der Natur fühle ich mich stets wie ausgewechselt – erfrischt, gestärkt und voller Zuversicht. Es ist erstaunlich, wie eine kurze Zeit inmitten der Natur meine Perspektive auf das Leben verändern kann und wie all meine Sorgen und Belastungen wie von selbst schwinden.

Daher lade ich dich ein, dir regelmäßig Zeit für eine Auszeit in der Natur zu nehmen. Egal, ob es ein kurzer Spaziergang im Park, ein Tag am Strand oder ein Wochenendausflug in die Berge ist – die Natur steht bereit, um deine Batterien aufzuladen und deine Seele zu nähren.

Affirmation:

Jeder Moment in der Natur stärkt mich und erfüllt mich mit neuer Energie und Zuversicht.

7. DON'T WORRY, BE HAPPY!

VORSICHT: DIESE GEWOHNHEIT IST EIN WAHRER GUTE-LAUNE-BOOSTER!!!

Es sind nicht zwangsläufig die Menschen, die alles haben, die glücklich sind. Es sind vielmehr jene, die dankbar sind, die das Glück in sich tragen. Um deine Schwingung zu steigern und den Weg zur Leichtigkeit zu ebnen, solltest du dich auf die wundervollen Dinge in deinem Leben fokussieren.

Menschen, die Dankbarkeit empfinden, führen ein glücklicheres Leben. Diese Aussage ist nicht nur schön, sondern auch wahr. Die tägliche Dankbarkeitspraxis ist dabei das A und O. Diese Praxis führt automatisch zu einem Glückseffekt und verleiht dir dauerhaft einen Schub an Energie. Wenn du dein Gefühl der Zufriedenheit stärkst, wirst du deinen Alltag als glücklicher empfinden. Vielleicht hast du es ausprobiert und dich gewundert, warum alle so davon schwärmen. Vielleicht hast du nach einigen Wochen aufgegeben und dich gefragt: „Bei anderen klappt es, aber bei mir nicht!" Doch ich sage dir: Es klappt bei jedem!

Das kann daran liegen, dass eine einfache Aufzählung wie „Ich bin dankbar für mein Auto, mein volles Konto und den schönen Urlaub" bei dir einfach nichts auslöst. Bei mir im Übrigen auch nicht! Doch mit einer kleinen, aber feinen Änderung deiner Formulierung kannst du endlich den gewünschten Energiekick erreichen.

Es ist nicht ausreichend, lediglich aufzulisten, wofür man dankbar ist. Vielmehr sollte man darüber hinaus auch beschreiben, welches Gefühl diese Dinge in einem auslösen.

Nehmen wir zum Beispiel das Auto: „Ich schätze mein Auto sehr, weil es mir die Freiheit gibt, unabhängig von einem Ort zum anderen zu gelangen. Die Eigenständigkeit, die mein Auto mir verleiht, macht mich glücklich." Oder das volle Bankkonto: „Ich bin unendlich erleichtert, dass ich ein volles Konto habe und mir alles leisten kann, was ich mir wünsche. Die Sicherheit, die dieses Konto mir gibt, lässt mich entspannter durchs Leben gehen." Und schließlich der wundervolle Urlaub: „Ich bin dankbar für meinen unvergesslichen Urlaub, der mir die Möglichkeit gab, zu entspannen und Körper und Geist zu regenerieren. Ich fühle mich erfrischt und gestärkt."

Spürst du die zarte Nuance, die den großen Unterschied ausmacht? Beginne am besten direkt heute damit. Reflektiere deinen Tag und erzähle deinem Partner, deinen Kindern oder deinem magischen Notizbuch drei Dinge, die heute super waren. Drei Dinge, für die du heute dankbar bist. Das ist die perfekte Art, deinen Tag zu beenden, um danach in deine Traumwelt abzudriften. Es ist unfassbar einfach, und es wirkt!

Dies ist eine Übung, die du jeden Tag ausführen kannst. Nur so erreichst du den gewünschten Effekt auf Dauer. Und: So kannst du übrigens auch den Tag beginnen! Du wachst auf und schreibst entweder direkt drei Dinge auf, auf die du dich heute freust, oder du denkst dir diese drei Dinge. Das verleiht dir eine Kraft der Freude, die dich sanft durch deinen Tag trägt. Und wenn du einmal anfängst, wirst du schnell merken: Dankbarkeit zieht weitere positive Ereignisse in dein Leben. Drei kleine Gedanken am Morgen und am Abend verstärken deine positive Energie. Und das spürbar. Unmittelbar. Dein Lächeln im Gesicht wird größer, und darauf kann deine Umwelt, das ganze Universum nur mit einem Lächeln antworten. Denn wer dankbar für das Gute im Leben ist, wird auch offener dafür sein und es eher bemerken als jemand, der sich ständig über alles beschwert. Also probiere es aus! Schreibe jeden Abend drei Dinge auf, für die du heute dankbar bist und sammle die Glücksmomente deines Tages. Mit etwas Übung wird deine Dankbarkeitspraxis zur Gewohnheit werden – eine Gewohnheit voller positiver Energie und Lebensfreude!

KAPITEL 2

STRESS UND ATMUNG

Stress lass nach

Nachdem du die sieben guten Gewohnheiten kennengelernt hast, die dich zu einem erfüllteren und glücklicheren Leben führen können, widmen wir uns nun einem weiteren wichtigen Thema: Stress. Im kommenden Kapitel „Stress lass nach" wirst du erfahren, wie du Stressoren identifizieren kannst, welche Strategien und Techniken es gibt, um mit Stress effektiv umzugehen, und wie du langfristig ein stressärmeres Leben führen kannst. Stress beeinflusst dein Wohlbefinden und deine Leistungsfähigkeit maßgeblich, daher ist es wichtig, gesunde Bewältigungsstrategien zu entwickeln, um deine mentale und physische Gesundheit zu unterstützen. Mach dich bereit, einen tieferen Einblick in dieses wichtige Thema zu erhalten und praktische Wege zu finden, um Stress in deinem Leben zu reduzieren.

WARUM STRESS DEINE POSITIVE SCHWINGUNG BEEINTRÄCHTIGT

In der heutigen schnelllebigen Welt ist Stress zu einem alltäglichen Begleiter geworden. In vielen Situationen ist er uns ein wichtiger Motor, der uns antreibt, Projekte in Angriff zu nehmen und ins Handeln zu kommen. Es braucht aber nicht viel, dass die Stressoren des Alltags in negativen Stress kippen: Wir hetzen dann von Termin zu Termin, jonglieren mit zahlreichen Verpflichtungen und stehen unter ständigem Druck, den Erwartungen anderer gerecht zu werden. Inmitten dieses Trubels verlieren wir oft den Kontakt zu uns selbst und geraten in einen Strudel aus überwältigenden Gedanken und Emotionen. Schließe kurz die Augen und denk an das letzte Mal, als du gestresst warst. Vielleicht waren es drängende Arbeitsfristen, Familienverpflichtungen oder einfach der alltägliche Trubel des Lebens. Denk an die letzte Zeit, als du so gestresst warst, dass dein Kopf brummte wie ein Bienenschwarm und dein Magen sich anfühlte wie eine Waschmaschine im Schleudergang. Ja, das ist Stress in seiner ganzen Pracht! Unser Körper reagiert auf Stress, als ob er gegen einen wilden Sturm kämpfen müsste – und das kann uns müde, gereizt und ausgelaugt zurücklassen.

Oder vielleicht kennst du das Gefühl, wenn dein Kopf vollgestopft ist mit Gedankenwirrwarr, aber du kannst keinen einzigen klaren Gedanken fassen? Ja, das ist Stress, der dir einen Streich spielt! Unter Stress werden unsere Gehirne oft zu einem Wirrwarr aus Wirbelwinden, und es kann schwierig sein, sich zu konzentrieren oder sich klar zu artikulieren. In diesen Momenten fühlt es sich oft an, als ob die Welt auf unseren Schultern lastet und unsere Seele in einem Sturm gefangen ist, und es ist schwierig, unsere positive Energie strahlen zu lassen. Stress ist so ein raffinierter Kerl, der sich in meinem Leben auf so viele Arten ausdrücken kann, dass es manchmal schwer ist, ihn zu durchschauen. Für mich persönlich kommt er gerne als Nacken- und Rückenverspannungen verkleidet daher, begleitet von einem unwiderstehlichen Angebot für Schlaflosigkeit und einer Gratisprobe von ständiger Unruhe. Manchmal ist es wirklich schwer abzuschalten und einfach mal tief durchzuatmen. Mein Kopf fühlt sich dann an wie eine laute Baustelle, auf der Gedanken herumspringen wie übermütige Bauarbeiter, die vergessen haben, dass heute Samstag ist und etwas Ruhe angebracht wäre. Meine positiven Gedanken hat der Stress auf eine Weltreise geschickt und an Glanz und Glitzer ist überhaupt nicht zu denken.

Stress kann von Mensch zu Mensch unterschiedlich sein – was für den einen stressig ist, muss für den anderen noch lange nicht stressig sein. Deshalb greifen allgemeine Tipps gegen Stress nicht zwangsläufig bei jedem. Doch Stress zu bewältigen bedeutet, einen besseren Umgang mit der herausfordernden Situation zu erlernen und idealerweise dem Stress sogar vorzubeugen, sodass er gar nicht erst entsteht. Denn wenn wir entspannt sind, machen wir uns weniger Sorgen und entgehen oftmals unnötigem Ärger und Streitereien, die einfach nur viel Energie kosten und die Lebensfreude blockieren.

Es lohnt sich also, die Ursachen für deinen individuellen Stress zu identifizieren und zu verstehen, wie du darauf reagierst.

ÜBERLEGE DIR:

Stressoren: Durch diese drei Dinge gerate ich immer in Stress ...

So kann ich diese Dinge in meinem Alltag minimieren ...

Persönliche Stressverstärker: Ich setze mich selbst unter Stress, indem ...

Stressreaktion: Ich reagiere auf Stress mit diesem Verhalten ...

Nun, da du deine Stressoren und dein Verhalten besser verstanden hast, kannst du gezieltere Maßnahmen ergreifen, um mit Stress umzugehen und ihn zu vermeiden. Ich teile meine besten Strategien gegen Stress mit dir und lade dich ein, mit mir auf eine Reise zur inneren Ruhe zu gehen. Wenn der Puls rast und der Atem stockt, ist dein Körper ein kraftvolles Werkzeug, um Stress abzubauen und ein Gefühl der Entspannung zu fördern. Während unser Verstand oft von Gedanken und Sorgen überwältigt sein kann, kann der Körper uns zurück in den gegenwärtigen Moment bringen und uns helfen, den Stress abzubauen, der sich in unserem physischen und emotionalen Zustand manifestiert hat. Also mach dich bereit, denn wir begeben uns auf den Weg in eine stressfreie Zone voller Gelassenheit und positiver Energie.

Diese Übungen sind so gestaltet, dass sie leicht in deinen Alltag integriert werden können, sei es während einer kurzen Pause am Arbeitsplatz, in einem belebten Supermarkt oder sogar in den turbulentesten Momenten des Familienlebens. Sie können sowohl präventiv eingesetzt werden, um Stress von vornherein zu vermeiden, als auch in stressigen Situationen, um schnell Ruhe und Klarheit zu finden. Durch regelmäßiges Üben dieser Techniken stärkst du deine Fähigkeit, mit Stress umzugehen, und legst eine solide Grundlage für mentale und emotionale Ausgeglichenheit.

Also los, lass uns diesen Stress vertreiben und das Leben mit einem Lächeln begrüßen!

ÜBUNG

SINNES-ÜBUNGEN

Wenn wir uns bewusst auf das Hier und Jetzt einlassen und unsere Sinne aktivieren, gönnen wir unserem überlasteten Gehirn eine wohlverdiente Auszeit vom Stresszirkus. Für einen Moment schalten wir den Gedankenstrom ab und tauchen ein in die faszinierende Welt der Sinne. Und wenn wir dann wieder auftauchen, fühlen wir uns frisch, energiegeladen und bereit, dem Leben mit einem breiten Grinsen zu begegnen. Also, schnapp dir deine Sinne und mach dich bereit für eine aufregende Fahrt in die Welt der Entspannung!

BEWUSSTES SEHEN

- Setze dich an einen ruhigen Ort und lehne dich entspannt zurück.
- Nimm bewusst dein Zimmer oder den Raum um dich herum wahr.
- Lasse deinen Blick über die Linien von Fenstern, Türen, Möbeln und anderen Gegenständen gleiten.
- Beginne dann, mit deinen Augen die Linien von Fenstern, Türen oder anderen Objekten nachzuzeichnen.
- Gehe langsam vor und konzentriere dich auf jedes Detail.
- Tauche in die Muster und Strukturen ein, die sich vor dir entfalten.
- Bemerke die Details und Unterschiede in den Linien und Mustern.
- Atme ruhig weiter und spüre, wie sich deine Sinne beruhigen.
- Erlaube deinem Geist, sich auf die Handlung zu konzentrieren und die Gedanken zur Ruhe kommen zu lassen.
- Genieße den Moment der Achtsamkeit und sei ganz im Hier & Jetzt.

BEWUSSTES HÖREN – KLÄNGE DER STILLE

◊ Finde einen ruhigen Ort, an dem du ungestört bist. Setze oder lege dich bequem hin und schließe deine Augen.

◊ Höre auf die Geräusche in deiner Umgebung, sei es das Zwitschern der Vögel, das Summen eines Ventilators oder das Rauschen des Windes. Lass die Klänge auf dich wirken, ohne sie zu bewerten oder zu analysieren.

◊ Wähle einen bestimmten Klang aus, auf den du dich konzentrieren möchtest. Es könnte ein entferntes Geräusch sein, das leise Summen eines elektronischen Geräts oder sogar dein eigener Atem. Richte deine Aufmerksamkeit ganz auf diesen Klang.

◊ Vertiefe deine Wahrnehmung dieses Klangs, als ob du in ihn hineintauchen würdest. Beachte die Nuancen und Details des Klangs – seine Tonhöhe, seine Intensität, sein Rhythmus. Lass dich vollständig von ihm umgeben und tauche in ihn ein.

◊ Tauche noch tiefer in die Erfahrung des Hörens ein.

◊ Sei dankbar für die Klänge, die dich umgeben, und für die Möglichkeit, bewusst und achtsam auf sie zu hören. Öffne dann langsam deine Augen und kehre mit einem Gefühl der Ruhe und Gelassenheit in deine Umgebung zurück.

LAUSCHE DER NATUR

Die Klänge der Natur haben eine wohltuende Wirkung auf unsere Sinne und unsere Seele.

Ein Vogelzwitschern erfüllt die Luft mit positiver Energie und vermittelt ein Gefühl von Leichtigkeit und Freiheit. Das kontinuierliche Plätschern eines Baches lädt uns ein, zur Ruhe zu kommen und dem Fluss des Lebens zu lauschen. Das sanfte Rauschen der Wellen am Meer erzeugt eine meditative Atmosphäre, die uns einlädt, uns zu entspannen und den Moment zu genießen. Diese natürlichen Melodien wirken wie Balsam für die gestresste Seele, laden zur Entspannung ein und vermitteln ein Gefühl von Verbundenheit mit der Natur. Sie helfen uns, Stress abzubauen und den Moment zu genießen, während sie uns daran erinnern, dass das Leben im Fluss ist und wir Teil eines größeren Ganzen sind.

Deine Atmung

Hast du schon mal bemerkt, wie dein Atem dich wie ein treuer Freund durchs Leben begleitet? Dir stockt der Atem, wenn du ängstlich bist. Bist du aufgeregt, hältst du deinen Atem an. Stress und Hektik bringen dich außer Atem. Wenn du ruhig und entspannt bist, kannst du endlich aufatmen. Zwischen deinen Gefühlen und deiner Atmung besteht ein enger Zusammenhang. Das Gute ist: Das wirkt auch umgekehrt! Ich kann dir aus eigener Erfahrung sagen, dass die Konzentration auf den Atem schon so manche Situation in meinem Leben gerettet hat! Etwas so Einfaches wie Atmung kann so viel Einfluss auf dein Wohlbefinden haben. Atmen ist viel mehr als nur Luft holen. Es ist eine Quelle der Ruhe, die dir inmitten des Sturms der Herausforderungen festen Halt gibt. Dein Atem ist eine Erinnerung daran, dass du dich im Fluss des Lebens befindest. Jeder Atemzug verbindet dich mit dem Rhythmus des Universums, mit dem Puls des Lebens, der dich daran erinnert, dass du Teil von etwas Größerem bist. Dein Atem ist der Schlüssel zu Gesundheit, Energie, Vitalität und Ausgeglichenheit. Und das Schönste ist: Du trägst den Schlüssel immer bei dir.

DEINE WICHTIGSTE ENERGIEQUELLE

Wenn du dich auf deinen Atem konzentrierst, blendest du den Lärm der Welt um dich herum aus und fokussierst dich auf das Wesentliche – den gegenwärtigen Moment. Es ist, als ließest du dich in die Arme eines liebevollen Freundes fallen, der dich ruhig und gelassen umarmt. Deine Sorgen und Ängste verblassen, und du wirst eins mit dem Frieden, der in deinem Herzen wohnt.

Wenn du das nächste Mal das Gefühl hast, dass die Welt um dich herum außer Kontrolle gerät, erinnere dich an die Kraft deines Atems. Lass ihn dir Gelassenheit schenken und dich daran erinnern, dass du stark, stabil und geliebt bist. Vertraue darauf, dass der Atem des Lebens dich immer wieder zurück ins Gleichgewicht bringt. Denn jeder Atemzug ist eine Gelegenheit ist, dich zu erneuern und zu revitalisieren.

ÜBUNG

ATEMBREMSE

VERLÄNGERTE AUSATMUNG: EIN SANFTER WEG ZU RUHE UND GELASSENHEIT

Mitten im wilden Rodeo des Alltags gibt es eine geheime Waffe für Ruhe und Gelassenheit: die verlängerte Ausatmung. Ja, du hast richtig gehört, eine einfache Atembremse kann mehr Power haben als ein Superheld!

Es ist meine absolute Nummer-Eins-Methode, um mich und andere in die Entspannungszone zu befördern. Die Grundidee der Atembremse ist kinderleicht: Atme langsamer aus, als du einatmest. Das kannst du überall tun, doch wenn es hart auf hart kommt, suche ich mir einen ruhigen Ort (manchmal flüchte ich einfach ins Bad, denn wer sagt, dass die Toilette nicht auch ein heiliger Tempel der Entspannung sein kann?) und schließe meine Augen, um mich ganz auf meinen Atem zu konzentrieren.

Ich beginne damit, tief durch die Nase einzuatmen, dabei spüre ich, wie sich meine Lungen mit frischer Luft füllen. Anschließend lasse ich die Luft so langsam wie möglich aus dem Mund ausströmen. Manchmal verbinde ich das Ausatmen auch mit einem bewussten Seufzen und Stöhnen. Ich stöhne einfach alles weg, was mich hemmt, belastet und blockiert.

Egal, ob ich mich in einem Bürogebäude, einem überfüllten Supermarkt oder inmitten eines Verkehrsstaus befinde – mit dieser einfachen Technik finde ich inmitten des Chaos einen kleinen Moment der Stille und des Friedens, der mir neue Energie und Kraft schenkt.

Mit dieser simplen Methode kannst du den Stress im Keim ersticken, noch bevor er die Kontrolle über dich übernimmt. Und du wirst überrascht sein, wie sehr sich das auf dein Energielevel, deine Konzentration und deine Leistungsfähigkeit auswirken kann.

Lass uns gemeinsam deine Energie aktivieren im Onlinebereich.

ÜBUNG

BUDDHA-BAUCH

NATÜRLICHE BAUCHATMUNG

Die natürliche Bauchatmung ist wie eine Hommage an die weisen Worte des Buddha. Viele seiner Figuren tragen stolz einen wohlgenährten Bauch, vielleicht als Symbol der Fülle und des inneren Friedens. Genau wie diese Figuren kannst auch du dich mit deinem inneren Selbst verbinden und den Stress des Alltags reduzieren, indem du dich auf deine Bauchatmung konzentrierst.

So gehts:

- Setze dich in eine bequeme Position oder lege dich flach auf den Rücken.
- Lege beide Hände auf deinen Bauch.
- Schließe deine Augen und spüre, wie sich dein Atem in deinem Körper bewegt. Nimm wahr, wie sich dein Bauch hebt und senkt.
- Atme langsam und tief durch deine Nase ein. Spüre, wie sich dein Bauchraum ausdehnt.
- Halte für einen Moment inne, wenn du vollständig eingeatmet hast, und spüre die Fülle des Atems in deinem Körper. Genieße diesen Moment der Ruhe und Präsenz.
- Atme nun langsam durch deinen Mund aus, während du deinen Bauch sanft nach innen ziehst. Spüre, wie sich deine Hand auf deinem Bauch senkt und die Luft deinen Körper verlässt.
- Wiederhole diesen Atemzyklus mehrmals, wobei du dich auf das Gefühl der Entspannung und des Wohlbefindens konzentrierst, das mit jeder Ein- und Ausatmung einhergeht.
- Erlaube dir, in einen Zustand der Gelassenheit und des inneren Friedens zu gleiten.

ÜBUNG

HUMMELSUMMEN

Manchmal brauchen wir keine ausgefallenen Techniken oder teure Ausrüstung, um uns zu entspannen. Manchmal reicht ein einfaches Summen aus, um unseren Geist zu beruhigen und unseren Stress zu reduzieren. Und wenn es um einfaches Summen geht, gibt es keine bessere Inspiration als die bescheidene Hummel.

Tipp:

Wenn du deine Augen verschließt und zusätzlich die Ohren zuhältst, öffnest du ein Tor zu einer Welt der inneren Stille und Ruhe. In diesem abgeschirmten Raum, frei von visuellen und auditiven Ablenkungen, kannst du dich vollständig auf deine Atmung konzentrieren und tief in die Praxis des Hummelsummens eintauchen.

Das Summen wird deutlicher, intensiver, als ob es direkt aus deinem Inneren käme und die gesamte Umgebung erfüllt. Jeder Ton wird zu einem sanften Echo deiner inneren Ruhe, ein harmonisches Lied, das den Stress des Alltags vertreibt.

So geht's:

- ◊ Setze dich oder lege dich in eine bequeme Position.
- ◊ Atme langsam und tief durch deine Nase ein, um dich zu zentrieren.
- ◊ Beim Ausatmen beginne sanft zu summen, ähnlich dem gleichmäßigen Summen einer Hummel. Konzentriere dich darauf, das Summen kontinuierlich und beruhigend zu gestalten.
- ◊ Spüre die Vibration im Körper und nimm wahr, wie diese sanfte Schwingung deine Spannungen löst und den Geist beruhigt.
- ◊ Wiederhole den Vorgang einige Male, um dich weiter zu entspannen und deinen Stress zu reduzieren.

Lass uns gemeinsam deine Energie aktivieren im Onlinebereich.

ÜBUNG

BOXATMUNG

Die Boxatmung, auch bekannt als quadratische oder 4-4-4-4-Atmung, ist eine einfache und effektive Methode, um innere Ruhe und Ausgeglichenheit zu fördern und einen Zustand der Entspannung und Gelassenheit zu erreichen. Bei dieser Technik atmest du langsam und gleichmäßig ein, hältst dann den Atem an, atmest langsam aus und hältst wieder den Atem an, wobei du jede Phase für eine gleich lange Zeit durchführst.

So gehts:

◊ Setze dich in eine bequeme Position mit aufrechter Wirbelsäule.

◊ Atme langsam und tief durch deine Nase ein, während du bis vier zählst.

◊ Halte den Atem für vier Zählzeiten an, ohne zu pressen oder die Luft anzuhalten. Ruhe für einen Moment in dieser Atempause und spüre die Fülle der eingeatmeten Luft in deinem Körper.

◊ Atme nun langsam und gleichmäßig durch deinen Mund aus, während du ebenfalls bis vier zählst. Lasse die Luft sanft aus deinem Körper strömen und spüre, wie sich dein Bauchraum wieder zusammenzieht.

◊ Halte für weitere vier Zählzeiten die Ausatmung an, bevor du mit dem nächsten Einatmen beginnst. Nutze diese kurze Atempause, um dich auf das Gefühl der Entspannung und des Loslassens zu konzentrieren.

◊ Wiederhole diesen Atemzyklus mehrmals, indem du jedes Mal bis vier zählst und deine Atmung bewusst steuerst. Spüre, wie sich dein Geist beruhigt, während du dich auf den gleichmäßigen Rhythmus deiner Atmung konzentrierst.

ÜBUNG

WECHSELATMUNG

Die Wechselatmung, auch Nadi Shodhana oder Anuloma Viloma genannt, ist eine Atemtechnik aus dem Yoga, die den Zweck hat, die Atmung zu reinigen, zu beruhigen und in Einklang zu bringen. Durch abwechselndes Ein- und Ausatmen durch jedes Nasenloch entsteht ein sanfter Rhythmus, der Körper und Geist harmonisiert. Diese Technik hilft dabei, die beiden Gehirnhälften ins Gleichgewicht zu bringen, den Geist zur Ruhe zu führen sowie Stress abzubauen und die Konzentration zu steigern. Die Wechselatmung kann jederzeit praktiziert werden und ist besonders hilfreich vor Meditationen oder in stressigen Situationen zur Entspannung geeignet.

So gehts:

- ◊ Setze dich in eine bequeme Sitzposition, idealerweise mit aufrechter Wirbelsäule.
- ◊ Entspanne deine Schultern und lege deine linke Handfläche auf deinem Oberschenkel, mit der Handfläche nach oben.
- ◊ Bringe den rechten Zeige- und Mittelfinger zur Stirn zwischen die Augenbrauen. Der Daumen ruht auf dem rechten Nasenloch und der Ringfinger auf dem linken Nasenloch.
- ◊ Beginne, indem du das rechte Nasenloch mit dem Daumen schließt und durch das linke Nasenloch einatmest.
- ◊ Halte den Atem kurz an, schließe dann das linke Nasenloch mit dem Ringfinger und öffne das rechte Nasenloch, um auszuatmen.
- ◊ Atme dann durch das rechte Nasenloch ein, halte den Atem an, schließe das rechte Nasenloch und öffne das linke Nasenloch, um auszuatmen. Das ist ein vollständiger Zyklus.
- ◊ Wiederhole diesen Vorgang für mehrere Minuten, indem du abwechselnd durch jedes Nasenloch atmest.

Lass uns gemeinsam deine Energie aktivieren im Onlinebereich.

ÜBUNG

DIE 4-7-8-ATEMTECHNIK

Die 4-7-8-Atemtechnik ist eine unkomplizierte und wirksame Methode, um Stress zu reduzieren, den Geist zu beruhigen und den Körper zu entspannen. Sie kann dabei helfen, innere Unruhe und Ängste zu überwinden oder in stressigen Momenten Ruhe zu finden. Diese Atemtechnik eignet sich für jeden Zeitpunkt des Tages, doch besonders vor dem Zubettgehen zur Entspannung und Förderung eines ruhigen Schlafs.

So gehts:

- ◊ Setze dich in eine bequeme Position, entweder auf einem Stuhl mit aufrechter Wirbelsäule oder im Liegen.
- ◊ Lege die Zungenspitze sanft hinter deine oberen Schneidezähne, direkt hinter dem Zahnfleisch, wo es in den Gaumen übergeht.
- ◊ Schließe deinen Mund und atme leise und tief durch deine Nase ein, während du bis vier zählst.
- ◊ Halte den Atem an und zähle bis sieben.
- ◊ Öffne deinen Mund leicht und atme langsam und vollständig aus, während du bis acht zählst. Während du ausatmest, erzeugst du ein leises „whoosh“-Geräusch.
- ◊ Das Einatmen sollte leise und entspannt sein, das Halten des Atems ruhig und gelassen, und das Ausatmen sollte langsam und kontrolliert erfolgen.
- ◊ Wiederhole das Ganze vier bis acht mal.

RAUS AUS DEM KOPF, REIN IN DEN KÖRPER – SCHNELLE UND EINFACHE KÖRPERÜBUNGEN GEGEN STRESS

Manchmal verlieren wir uns so sehr in unseren Gedanken, dass wir uns wie in einem endlosen Gedankenkarussell fühlen. Doch oft vergessen wir dabei, auf unseren Körper zu hören, der uns wichtige Signale sendet. Körperliche Aktivitäten bieten einen direkten Weg, um diese Verbindung wiederherzustellen und unseren Geist zu beruhigen. Während wir uns auf unseren Körper konzentrieren, können wir uns selbst besser spüren, unsere Bedürfnisse erkennen und intuitivere Entscheidungen treffen.

Bewegung tut nicht nur der Figur gut, sondern auch der Seele! Wenn wir uns bewegen, schütten wir Glückshormone aus, die uns ein Lächeln ins Gesicht zaubern und den Stress vertreiben. Adrenalin und Kortisol, die uns sonst auf Trab halten, werden durch die Power unserer körperlichen Aktivitäten gebändigt.

Und denk dran, es gibt auch noch den zusätzlichen Bonus: ein besseres Schlafgefühl! Aber keine Sorge, du musst kein Fitness-Guru sein. Egal, ob du den Hula-Hoop-Reifen aus deiner Kindheit wiederbelebst oder eine spontane Tanzeinlage im Wohnzimmer hinlegst – jede Bewegung zählt! Die folgenden Übungen helfen dir sehr schnell, aus dem Gedankenkarussell auszusteigen und wieder in deinen Körper einzutauchen.

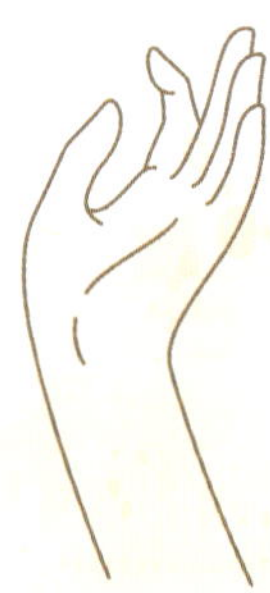

ÜBUNG

STRESSABBAU DURCH SCHÜTTELN

Inspiriert von unseren pelzigen Freunden, die sich nach einer ordentlichen Schrecksekunde gerne mal schütteln, können auch wir Menschen von diesem instinktiven Verhalten profitieren. Die Idee ist einfach: Wir schütteln den Stress einfach weg! Keine komplizierten Yoga-Posen oder teuren Wellness-Behandlungen – nur ein paar gute alte Schüttler, und schon fühlst du dich wie neu geboren. Also los, es ist Zeit, den Stress aus dem Körper zu katapultieren und dich sofort besser zu fühlen.

So gehts:

◊ Stelle dich mit leicht gebeugten Knien und entspannten Schultern aufrecht hin.

◊ Schließe deine Augen und atme tief durch, um dich zu zentrieren.

◊ Beginne langsam, deinen Körper zu schütteln. Fang klein an und steigere die Intensität allmählich.

◊ Lass die Bewegung frei und fließend sein. Lass zu, dass sich der Stress und die Anspannung durch das Schütteln aus deinem Körper lösen.

◊ Denke daran, dass es nicht wichtig ist, wie du aussiehst. Erlaube dir, das Gefühl zu genießen und dich von der Energie befreien zu lassen.

◊ Schüttle deinen ganzen Körper so lange, wie es sich gut anfühlt.

◊ Wenn du fertig bist, halte einen Moment inne und spüre die Wirkung der Übung nach. Nimm wahr, wie sich dein Körper und dein Geist entspannt haben.

ÜBUNG

LET´S DANCE! – TANZ DICH FREI

Erinnerst du dich an das Gefühl von durchtanzten Nächten, wo du die Musik bis in deine Knochen spürtest und dich lebendiger fühltest als je zuvor? Nun, es ist an der Zeit, dieses Gefühl wieder aufleben zu lassen! Es ist Zeit, deine Schuhe auszuziehen und dich frei zu bewegen! Tanzen ist nicht nur eine großartige Möglichkeit, um Spaß zu haben, sondern auch fantastisch, um damit Stress abzubauen. Also, warum nicht einfach die Musik aufdrehen und loslegen?

Egal, ob du zu deinen Lieblingssongs abrockst oder einfach nur wild durch das Zimmer wirbelst, lass deine Hüften schwingen, deine Arme fliegen und dein Herz singen.

Also, worauf wartest du noch? Mach Platz im Wohnzimmer, lass dich von der Musik mitreißen und tanz dich frei! Es ist Zeit, deine Sorgen hinter dir zu lassen und das Leben zu feiern.

Lass uns gemeinsam deine Energie aktivieren im Onlinebereich.

ÜBUNG

OVERTHINKING – SOS-PROGRAMM I

Bring deinen Verstand zum Schweigen! Das ist leichter gesagt als getan. Es braucht nur einen kleinen Tropfen, um den Verstand zum Reden zu bringen, aber eine kräftige Dosis Beruhigungsmittel, um ihn zum Schweigen zu bringen. Nun, Spaß beiseite. Fakt ist: Unser Verstand ist ein Plappermaul. Es gibt eine Stimme in deinem Kopf, die ständig spricht. Und es gibt Tage, an denen dieses Geplapper außer Kontrolle gerät, so sehr, dass es uns in einen Zustand der Hilflosigkeit und Unruhe versetzt. Ich weiß aus eigener Erfahrung, wie herausfordernd es sein kann, wenn die Gedanken sich im Kreis drehen und uns nicht zur Ruhe kommen lassen. Deshalb habe ich eine kleine Übungssequenz für dich vorbereitet, die dir helfen wird, sofortige Entspannung zu finden. Folge diesen einfachen Schritten für jeweils zehn bewusste, langsame Atemzüge, und spüre, wie sich die Ruhe in dir ausbreitet.

So gehts:

- ◊ Finde eine bequeme Sitzposition und schließe deine Augen.
- ◊ Rolle deine Schultern langsam, um Spannungen zu lösen.
- ◊ Lege eine Hand sanft an deinen Hinterkopf und eine auf deine Stirn und spüre beim Atmen die Berührung.
- ◊ Platziere deine Händflächen links und rechts an deinen Schläfen, sodass sich die Fingerspitzen an deiner Kopfkrone berühren und spüre die Hände an deinem Kopf.
- ◊ Lege eine Hand auf deine Stirn und die andere auf dein Herz, spüre den Rhythmus deines Herzschlags.
- ◊ Lege eine Hand auf dein Herz und eine auf den Bauch, und spüre, wie sich die Bauchdecke hebt und senkt.
- ◊ Lege beide Hände sanft auf dein Herz und fühle die Kraft und Ruhe, die von dort ausgeht.

Lass uns gemeinsam deine Energie aktivieren im Onlinebereich.

ÜBUNG

OVERTHINKING – SOS-PROGRAMM II

Möchtest du dich wieder mit dir selbst verbinden und zur Ruhe kommen? Diese kleine Yogasequenz hilft dir dabei, dich zu entspannen, Stress abzubauen und eine tiefe innere Ruhe zu finden. Probiere es einfach aus:

Balasana (Kindhaltung):
Setze dich auf deine Fersen, beuge dich nach vorne und lege deine Stirn auf den Boden. Deine Arme kannst du nach vorne ausstrecken oder entspannt neben deinem Körper liegen lassen. Spüre, wie sich dein Atem vertieft und dein Geist zur Ruhe kommt.

Badhakonasana (Schmetterlingshaltung):
Setze dich auf den Boden und bringe die Fußsohlen zusammen. Lasse die Knie sanft nach außen fallen und halte deine Füße fest. Lege deine Hände auf deine Füße oder halte deine Zehen. Spüre, wie sich deine Hüften öffnen und deine Gedanken beruhigen.

Gomukhasana (Kuhgesichtsstellung) – Beide Seiten:
Setze dich auf den Boden und bringe dein rechtes Bein über das linke, sodass die Knie übereinanderliegen. Deine Fersen sollten sich nahe am Gesäß befinden. Hebe deinen rechten Arm über deinen Kopf und beuge ihn nach hinten. Bringe den linken Arm hinter deinem Rücken nach oben und versuche, die Hände zu greifen. Halte die Position und atme tief ein und aus. Wiederhole dann auf der anderen Seite.

Paschimottanasana (Vorwärtsbeuge):
Setze dich auf den Boden und strecke deine Beine nach vorne aus. Beuge dich langsam nach vorne und greife deine Zehen oder Waden. Versuche, deinen Oberkörper so weit wie möglich über deine Beine zu legen, während du deinen Rücken gerade hältst. Spüre, wie sich deine Wirbelsäule sanft dehnt und deine Gedanken zur Ruhe kommen.

KAPITEL 3

ZWISCHENMENSCHLICHE INTERAKTION

Die bunte Welt der zwischenmenschlichen Interaktion

In unserem Alltag treffen wir auf eine bunte Mischung von Charakteren, die uns herausfordern, uns inspirieren oder auch mal an den Rand des Wahnsinns treiben können. Es ist wie eine Achterbahnfahrt voller Konflikte, Missverständnisse und dem gelegentlichen Funken Liebe und Unterstützung. Aber hey, trotz all dem Chaos und Drama hat der zwischenmenschliche Kontakt auch seine guten Seiten – er kann uns erheben und uns tiefste Gefühle der Liebe entlocken. In diesem Kapitel stellen wir uns der Frage, welchen Einfluss wir auf andere haben wollen, und entdecken die Schönheit und Komplexität menschlicher Interaktionen. Denn letztendlich liegt es an uns, welche Rolle wir in diesem großen Spiel des Lebens spielen möchten. Vielleicht möchtest du der Fels in der Brandung sein, der anderen Halt gibt, oder doch lieber der leuchtende Stern, der Hoffnung und Inspiration verbreitet? Vielleicht fühlst du dich eher wie ein einfühlsamer Zuhörer, der die Sorgen anderer teilt, oder du bist der kreative Geist, der neue Wege aufzeigt? Die Antwort liegt in deinem Herzen und deinem Handeln. Denn in der Begegnung mit anderen liegt nicht nur die Herausforderung, sondern auch die Chance, unser volles Potenzial zu entfalten und die Welt um uns herum ein Stück weit zu erhellen. Also frage dich: Wer möchtest du für andere sein? Lass uns gemeinsam erkunden, wie du durch deine Worte und Handlungen einen Unterschied in der Welt machen kannst. In einer Welt, die mehr Aufregung bietet als eine Achterbahnfahrt im Sturm, sind wir alle manchmal ein bisschen wie explodierende Vulkaneruptionen. Da fliegen die Schimpfwörter, das Gejammer und das Gemecker nur so herum. Leider passiert es viel zu oft, dass wir mit unseren Worten nicht gerade zimperlich umgehen, als wären sie nur eine endlose Reihe von Monopoly-Geldscheinen.

WIE DU MIT SPRACHE DIE WELT VERBESSERST

Und dies fühlt sich dann an wie ein Schlag in die Magengrube. Ein einziger unbedachter Satz kann uns selbst und andere zurück ins Schlammloch der Negativität katapultieren und die Leichtigkeit sowie strahlende Energie, die wir mühsam aufgebaut haben, zerstören. Stell dir vor, du triffst seit langem mal wieder eine Freundin und das erste, was sie sagt: „Na du sahst auch schon mal besser aus!“ Ähm, danke für die Blumen?

Worte haben Macht – Macht, um zu heilen oder zu verletzen, zu unterstützen oder zu entmutigen. Dabei macht der Ton die Musik – das weiß schon der Volksmund. Doch allzu oft fühlt es sich an, als würden wir von einem Chor der Kritik umzingelt werden, der mit seinen scharfen Tönen nach uns wirft. In meiner Familie war das nicht anders. Die Lautstärke war auf Maximalpegel, Diskussionen wurden zu Schlachtfeldern, und Konflikte wurden mit der Sanftheit eines Bulldozers ausgetragen – einfach aus purer Wut heraus.

Aber mal ganz ehrlich, Kritik kann ja auch konstruktiv sein, oder? Als jemand, der ständig Ideen aus dem Ärmel zaubert (ja, ich meine wirklich mich selbst), tausche ich mich gern aus, ich brauche ab und zu Feedback von außen. Sonst weiß ich nie, ob meine geniale Eingebung die Welt retten wird oder einfach nur so nützlich ist wie ein Regenschirm in der Wüste. Ich brauche die Rückmeldung anderer, um zu entscheiden, ob ich meine nächste Idee auf die große Bühne schicke oder sie besser im Ideen-Verlies behalte.

Aber statt des gewünschten Austausches werden wir gern ungefragt mit Ratschlägen bombardiert: „Hier, das hättest du besser machen sollen!“ Oft geschieht das sogar hinter unserem Rücken oder in anonymen Kommentaren auf Social-Media-Plattformen, wo wir nicht einmal die Möglichkeit haben zu antworten.

Ich wurde schon mehrmals von Kritik und Ratschlägen überrascht und habe mich selbst dabei beobachtet, wie ich darauf reagiere. Ich habe deutlich gespürt, wie die Worte wie giftige Pfeile mein Selbstvertrauen zerstört haben und mein inneres Selbstgespräch in eine Abwärtsspirale gezogen haben, die ich kaum stoppen konnte. Negative Worte erschaffen eine Atmosphäre der Unsicherheit und Selbstzweifel bei unserem Gegenüber. So ein dahergesagtes „Das hättest du besser so gemacht" verstärkt Ängste und blockiert jeglichen Fortschritt. Es ist einfach nicht nur der Inhalt, sondern vor allem die Art und Weise, wie Kritik geäußert wird, die einen großen Unterschied macht. Unbedachte Worte oder negative Kommentare haben einen maßgeblichen Einfluss auf das Wohlbefinden, daher ist es von entscheidender Bedeutung, unsere Worte mit Sorgfalt zu wählen und darauf zu achten, dass sie stets von Liebe und Freude getragen sind. Statt mit dem Vorschlaghammer der Kritik auf uns einzudreschen, könnten wir doch lieber mit einem Pinsel der Konstruktivität malen. Unsere Worte können Brücken bauen oder Mauern errichten. Sie können Herzen öffnen oder verschließen. Wenn wir uns bewusst werden, wie mächtig unsere Worte sind, können wir sie nutzen, um zu heilen, zu unterstützen und zu ermutigen –, statt zu verletzen und zu entmutigen. Und wer weiß, vielleicht können wir so nicht nur die Atmosphäre um uns herum, sondern auch die Welt um uns herum positiv beeinflussen.

Lass uns darüber sprechen, wie wir liebevoll Kritik üben können, um eine Welt voller Liebe, Respekt und Verständnis zu schaffen, denn das ist eine Kunst für sich!

WARUM DEINE ABSICHT DEN UNTERSCHIED MACHT

Mit deinen eigenen Worten kannst du nicht nur die Atmosphäre um dich herum gestalten, sondern auch die Welt um dich herum positiv beeinflussen. Jedes Wort ist wie ein Samenkorn, das in den Boden des Bewusstseins gepflanzt wird und das Potenzial hat, zu wachsen und zu gedeihen. Dein Feedback ist wie eine Brücke, die deinem Gegenüber auf dem Weg zur persönlichen Weiterentwicklung hilft, ohne dich selbst in den Vordergrund zu stellen oder zu zeigen, dass du es besser weißt.

Bevor du deine Meinungen äußerst, sei ehrlich und frage dich: Was ist meine wahre Absicht dabei? Möchtest du konstruktives Feedback geben, um jemandem zu helfen und positive Veränderungen herbeizuführen? Bist du wirklich wohlwollend gegenüber dem anderen? Oder möchtest du einfach nur deine Meinung sagen oder deinen Frust loswerden, bist genervt, weil jemand die Dinge nicht so macht, wie du es gewohnt bist? Vielleicht denkst du auch, dass dein Weg der einzig wahre ist?

So gehts:

Wenn du merkst, dass du kurz davor bist, mit Kritik herauszuplatzen, nimm dir einen Moment Zeit, um innezuhalten und dir deiner Gedanken und Emotionen bewusst zu werden. Atme langsam und tief ein und aus, um dich zu beruhigen und deine Emotionen zu stabilisieren. Stelle dir einige Fragen, um deine Gefühle und Absichten zu klären. Frage dich zum Beispiel: Warum bin ich so verärgert? Was ist das eigentliche Problem? Was möchte ich mit meiner Kritik erreichen? Bedenke, wie deine Worte die Situation beeinflussen könnten, teile deine Kritik auf eine ruhige und respektvolle Weise. Höre auch aktiv zu, wenn der andere antwortet, und sei bereit, auf seine Perspektive einzugehen.

TIMING

Unsere Worte haben mehr Macht, als wir oft glauben. Sie können wie ein kalter Windstoß unsere Freude durchbrechen und uns zweifeln lassen, ob unsere Errungenschaften wirklich etwas wert sind. Ich erinnere mich noch gut an den Moment, als ich nach jahrelangem Üben endlich meinen perfekten Handstand geschafft hatte. Es war ein Gefühl von unbeschreiblicher Freude und Stolz. Doch meine Freude wurde schnell gedämpft, als ich einen Kommentar hörte: „Hmm, dein Handstand war ja ganz nett, aber irgendwie viel zu kurz. Du konntest nicht einmal bis drei zählen." Plötzlich fühlte sich mein Erfolg nicht mehr so bedeutend an, und ich begann, an mir selbst zu zweifeln.

Dieses Erlebnis hat mich gelehrt, dass Timing alles ist. Auch wenn wir vielleicht berechtigte Kritik äußern möchten, sollten wir uns fragen, ob der richtige Moment gekommen ist. Vielleicht strahlt unser Gegenüber gerade vor Glück, und unsere Worte könnten dieses Glück zerstören. In solchen Momenten ist es wichtig, sensibel zu sein und unsere Worte mit Bedacht zu wählen.

FEEDBACK, DAS SCHMECKT

Beim Anbringen von Feedback ist Empathie gefragt. Es ist entscheidend, Feedback klar und einfühlsam zu formulieren, um die gewünschte positive Wirkung zu erzielen. Durch respektvolle und konstruktive Kritik schaffen wir eine Atmosphäre des Vertrauens und der Offenheit, in der wir gemeinsam wachsen können. Denn letztendlich möchten wir eine Atmosphäre der Freude, der Kreativität und der Leichtigkeit erschaffen, in der jeder sein Bestes geben und sich weiterentwickeln kann.

Der Sandwich-Ansatz:
Ähnlich wie bei einem leckeren Sandwich platzierst du deine Kritik zwischen zwei Schichten Lob. Das ist wie eine sanfte Umarmung für die Seele. „Wow, deine Präsentation war großartig, ich würde mich von anderen Bildern mehr angesprochen fühlen, lass uns da noch mal schauen, bevor wir sie dem Chef zeigen. Ach übrigens, die Headline auf der dritten Seite ist der Hammer!"

Die Ich-Botschaften:
Statt mit dem Finger auf andere zu zeigen, erzählen wir von unseren eigenen Gefühlen und Perspektiven. „Ich würde mich von anderen Bildern mehr angesprochen fühlen. Was denkst du darüber?“ Völlig anders als: „Die Bilder sind blöd, ich mag deine Bilder nicht.“

Humorvolle Metaphern:
Manchmal kann ein gut platzierter Witz die Stimmung lockern und den Weg für konstruktives Feedback ebnen. „Deine Präsentation ist wie ein Soufflé – es hat großes Potenzial, aber vielleicht müssen wir die Hitze etwas reduzieren, damit es nicht zusammenfällt! Lass uns mal weniger provokative Headlines formulieren.“

Gemeinsam Lösungen finden:
Stelle sicher, dass du nicht nur Probleme identifizierst, sondern auch konstruktive Vorschläge für Lösungen einbringst. Gehe in die Situation, in der du Feedback geben möchtest, und lade die andere Person ein, gemeinsam nach möglichen Lösungen zu suchen. Zum Beispiel: „Ich denke, es könnte helfen, wenn wir überlegen, welche Bilder besser passen könnten. Hast du Ideen, wie wir das angehen könnten?“

Sei darauf vorbereitet, dass die Reaktionen vielfältig sein können. Manche werden deine Kritik dankbar annehmen und als Chance zur Verbesserung sehen. Andere könnten zunächst defensiv reagieren oder sich verletzt fühlen. Wichtig ist es, geduldig zu bleiben und Verständnis für verschiedene Reaktionen aufzubringen. Wenn du empathisch bist, deine Kritik einfühlsam vermittelst und auf die Bedürfnisse und Gefühle des Gegenübers eingehst, zeigst du Wertschätzung und stärkst die Beziehung. Oft bekommst du sogar ein Dankeschön für dein Feedback und die Wertschätzung, dass der andere dich beim nächsten Mal wieder fragt. Manchmal braucht es allerdings gar keine Worte ...

ÜBUNG

PARTNERSCHAFTLICHES FEEDBACK

Finde einen Kollegen oder eine Kollegin, einen Freund oder Freundin, mit der du dich wohlfühlst, und der oder die Interesse an konstruktivem Feedback hat. Stellt sicher, dass ihr beide offen seid, zuzuhören und ehrlich zu kommunizieren.

Durchführung:

- Setzt euch an einen ungestörten Ort.
- Beginnt damit, jeweils eine positive Eigenschaft oder Stärke eures Partners oder eurer Partnerin zu benennen. Dies kann etwas sein, das ihr an der Person schätzt oder bewundert.
- Gebt nun eine konstruktive Kritik oder einen Verbesserungsvorschlag. Nutzt dabei den Sandwich-Ansatz: Platziert eure Kritik zwischen den positiven Rückmeldungen, um eine positive Atmosphäre zu erhalten.
- Sendet dabei Ich-Botschaften, um eure eigenen Gefühle und Perspektiven zu kommunizieren, statt den Finger auf den anderen zu richten.
- Verwendet humorvolle Metaphern, um die Stimmung zu lockern.
- Schließlich schlagt gemeinsam Lösungen vor. Entwickelt Ideen, wie die vorgeschlagenen Verbesserungen umgesetzt werden könnten.

Reflexion:

Besprecht nach der Übung, wie ihr euch während des Feedbacks gefühlt habt. War es leicht, das Feedback anzunehmen? Habt ihr die positive Atmosphäre gespürt? Welche Techniken haben besonders gut funktioniert?

Ausblick:

Verpflichtet euch, auch in Zukunft offen für konstruktives Feedback zu sein und die Übung ab und an zu wiederholen, um eure Kommunikationsfähigkeiten zu stärken und eure Beziehung zu vertiefen.

Wie echte Verbundenheit im hektischen Alltag entsteht

Bist du auch auf der Suche nach tiefen Freundschaften, echten Verbindungen und Leuten, die dir den Rücken stärken, wenn du mal wieder deine Schlüssel verlierst? Manchmal fühlt es sich an, als würde sich die Welt um uns herum in Lichtgeschwindigkeit drehen, und oberflächliche Interaktionen dominieren das Alltagsleben. Aber trotzdem, in jedem von uns bleibt die Sehnsucht nach echten, bedeutsamen Beziehungen bestehen, denn wahre Verbundenheit ist wie die geheime Zutat, die unserem Leben Tiefe, Geborgenheit und Liebe verleiht.

Genau diese Verbundenheit hilft uns, die Tücken des Lebens zu überstehen – sei es durch gemeinsame Abenteuer, einen Boxenstopp für einen Kaffee oder einfach jemanden, der einen versteht, wenn einem mal wieder das letzte Stück Schokolade weggegessen wurde. Also, wie kannst du echte Verbundenheit in deinem wilden Alltagswirbel fördern und erleben? Lass uns gemeinsam entdecken, wie du diese besondere Magie kreierst, die dein Leben zum Strahlen bringt.

DIE STILLE KRAFT DES ZUHÖRENS

Mitten im hektischen Alltagstreiben, wo die Zeit unaufhaltsam verrinnt und oberflächliche Gespräche an der Tagesordnung sind, spüre ich einen Seufzer der Seele – das Verlangen, wirklich gehört und verstanden zu werden. Die Rufe nach „Du verstehst mich nicht" oder „Du hörst mir gar nicht zu" sind wie Warnsignale, die verdeutlichen, dass in jedem von uns das Bedürfnis nach echter Verbundenheit brennt. Doch allzu oft verharren wir in Gesprächen lediglich darauf wartend, dass der andere ein Stichwort liefert, um einhaken zu können und selbst das Wort zu ergreifen. Wir lauschen nicht wirklich den Worten des anderen, sondern nutzen sie als Sprungbrett, um unsere eigenen Gedanken und Geschichten hervorzubringen. Die meisten Menschen hören nicht zu, um zu verstehen. Sie hören zu, um zu antworten. Auf diese Weise ist es uns jedoch niemals möglich, wirklich nachzuvollziehen, was in einem anderen Menschen vorgeht. Das Gespräch wird zu einem endlosen Pingpong-Spiel, bei dem keiner wirklich gewinnt und beide sich letztendlich leer fühlen. Vielleicht liegt es an der Schnelllebigkeit der Welt, dass wir oft vergessen, wie wertvoll es ist, einfach nur zuzuhören und da zu sein. Doch vielleicht liegt darin auch die Chance, bewusster und achtsamer miteinander umzugehen und so wirkliche Verbundenheit zu schaffen. Tiefe Freundschaften und Beziehungen entstehen, wenn wir uns wirklich verstanden fühlen und das gelingt durch Zuhören.

Wenn du jemandem gegenübersitzt und das Gefühl hast, dass er dir wirklich zuhört, dass er nicht nur deine Worte hört, sondern auch deine Gefühle und Gedanken versteht, dann entsteht eine magische Verbindung. Zuhören bedeutet nicht nur, den Mund zu halten und passiv zuzuhören. Es ist wie ein Tanz der Seelen, bei dem wir uns gegenseitig in den Augenblick vertiefen und einander tief im Herzen willkommen heißen. Wir lassen den anderen in unsere Welt eintauchen, und gleichzeitig öffnen wir uns für die Welt des anderen.

TIPPS FÜR EINE TIEFERE VERBINDUNG

1. Unterbrich nicht, lass deinem Gegenüber Raum

Es mag selbstverständlich erscheinen, doch im Gespräch fällt es oft schwer, die andere Person ausreden zu lassen. Gib deinem Gesprächspartner den Raum, sich vollständig auszusprechen, bevor du reagierst.

2. Stelle Fragen, um Verständnis zu vertiefen

Zuhören bedeutet nicht nur Schweigen, sondern auch Interesse zeigen. Stelle offene Fragen, um sicherzustellen, dass du die Botschaft richtig verstanden hast und um weitere Details zu erfahren. So zeigst du dem Gegenüber, dass du wirklich bei der Sache bist und seine Gedanken und Gefühle respektierst.

3. Pausen einhalten für eine tiefe Kommunikation

Wenn ein Moment der Stille entsteht, lasse bewusst Pausen im Gespräch, um dem Gesprächspartner Zeit zum Nachdenken oder für weitere Gedanken zu geben. Bevor du antwortest, zähle innerlich bis vier, um sicherzustellen, dass du nicht zu früh reagierst und seine Gedanken unterbrichst.

4. Respektiere die Empfindungen des Gegenübers

Jeder Mensch hat seine eigene Art, Dinge zu erzählen und Gefühle auszudrücken. Respektiere die Art und Weise, wie dein Gesprächspartner seine Gedanken teilt, besonders wenn es um emotionale Themen geht. Vermeide tröstende Floskeln und zeige stattdessen, dass du die Gefühle des anderen ernst nimmst, indem du aufmerksam zuhörst und mitfühlend reagierst.

5. Verzichte auf ungefragte Ratschläge

Zuhören bedeutet nicht, Probleme zu lösen, sondern dem Gegenüber Raum für seine Gedanken und Gefühle zu geben. Gib nur dann Ratschläge, wenn du explizit danach gefragt wirst. Ansonsten beschränke dich darauf, ein offenes Ohr zu bieten und dem anderen deine volle Aufmerksamkeit zu schenken.

ÜBUNG

DIE KUNST DES BEWUSSTEN ZUHÖRENS

Während eines Gesprächs, sei es mit einem Freund, Familienmitglied oder Kollegen, konzentriere dich vollständig auf deinen Gesprächspartner und praktiziere bewusstes Zuhören. Vermeide es, gedanklich abzuschweifen oder während des Gesprächs nebenbei andere Dinge zu erledigen. Widme dem Gespräch deine volle Aufmerksamkeit, höre aktiv zu, ohne zu unterbrechen. Lasse deinen Gesprächspartner ausreden und nimm seine oder ihre Worte bewusst wahr. Nachdem dein Gesprächspartner gesprochen hat, stelle ihm oder ihr gerne eine Frage, die auf das Gesagte eingeht und zeigt, dass du zugehört hast und interessiert bist.

AUTHENTISCHE KOMPLIMENTE

Ich kann mich nicht erinnern, dass ein ehrliches Kompliment jemals seine magische Wirkung verfehlt hat. Es ist fast wie Zauberei, wie sich die Augen eines Menschen öffnen und ihr Lächeln breiter wird, wenn man ihre Stärken und Qualitäten lobt. Ein simples „Du siehst wirklich toll aus!“ oder „Du hast so eine großartige Art, Dinge anzugehen!“ kann jemandes Tag erhellen und ihn fühlen lassen, dass er geschätzt und ermutigt wird.

Ehrlich gesagt, es wird höchste Zeit, dass wir uns daran erinnern, wie kraftvoll und gleichzeitig einfach es ist, das Leben anderer mit ein paar gut platzierten Worten aufzuhellen. Erinnerst du dich an das letzte Kompliment, das du bekommen hast, und wie es deine Stimmung aufgehellt hat, sogar an einem Tag, an dem du dachtest, die Wolken hängen tief? Diese kleinen Gesten der Anerkennung sind wie Sonnenstrahlen, die durch die Wolken brechen und uns daran erinnern, dass selbst inmitten der Herausforderungen des Lebens noch Schönheit und Hoffnung existieren.

Und weißt du was? Es braucht wirklich nicht viel, um den Tag eines anderen zu verbessern. Ein simples „Danke“ oder ein aufrichtiges „Du bist großartig!“ können einen riesigen Unterschied machen. Diese kleinen Momente der Wertschätzung können jedem von uns einen enormen Schub an Selbstvertrauen und Motivation geben! Also lass uns die Welt mit Freundlichkeit überfluten, wie ein sprudelnder Wasserfall von positiver Energie! Jeder von uns kann das Leben eines anderen erhellen, und es kostet uns nichts, denn sogar in den vermeintlich gewöhnlichsten Momenten finden wir die Gelegenheit, anderen Menschen ein Lächeln ins Gesicht zu zaubern.

ÜBUNG

KOMPLIMENTE VERTEILEN

Gehe bewusst und achtsam durch dein Leben. Achte auf die Menschen um dich herum und die kleinen, positiven Momente, die dir begegnen. Wenn dir das Outfit eines Freundes gefällt, sprich es aus, du könntest sagen: „Hey, ich muss dir sagen, dein Outfit sieht wirklich großartig aus! Die Farben stehen dir wirklich gut und du siehst sehr stilvoll aus.“ Oder wenn ein Nachbar dir geholfen hat, könntest du sagen: „Danke für deine Hilfe gestern. Ich schätze deine Freundlichkeit und Unterstützung sehr. Es ist toll, solche Nachbarn wie dich zu haben!“ Nutze einfach jede Gelegenheit um Komplimente zu verteilen.

SPONTANE MAGIE – KLEINE GESTEN DER FREUNDLICHKEIT

Viele Menschen sind so in ihren täglichen Routinen gefangen, dass sie die kleinen Freuden des Lebens übersehen. Wir alle sehnen uns nach Wundern. Und ob du es glaubst oder nicht:

Wunder zu kreieren, ist leichter als du denkst.

Sei du der Engel, der die Magie in den Alltag bringt! Sei aufmerksam für die Menschen um dich herum und halte Ausschau nach Gelegenheiten, um Freude zu bereiten. Sei spontan und großzügig und verbreite etwas Magie, indem du jemandem eine liebevolle Geste schenkst. Vielleicht kannst du einem gestressten Kollegen eine Tasse Kaffee spendieren, einem Freund eine aufmunternde Nachricht senden oder einem älteren Nachbarn beim Einkaufen helfen. In öffentlichen Verkehrsmitteln, Wartezimmern oder bei Veranstaltungen – wenn du siehst, dass jemand stehen muss, der offensichtlich müde ist oder Unterstützung benötigt, biete ihm deinen Platz an. Im Straßenverkehr kannst du einem Fußgänger an einem Zebrastreifen den Vortritt lassen oder einem anderen Autofahrer das Einfädeln ermöglichen. Während du spazieren gehst oder in der Stadt unterwegs bist, nimm Müll auf, den du siehst, und entsorge ihn ordnungsgemäß.

Du wirst schnell merken, dass die kleinen Gesten der Freundlichkeit nicht nur das Leben anderer Menschen bereichern, sondern auch dein eigenes Herz erheben und deinen Alltag mit Licht durchfluten. Diese kleinen, aber bedeutungsvollen Handlungen helfen dir, dich mit der Welt um dich herum mehr verbunden zu fühlen und ein tieferes Gefühl von Sinn und Zweck in deinem Alltag zu finden. Denk daran, dass es nicht immer die großen Gesten sind, die zählen. Oft sind es die kleinen, spontanen Akte der Freundlichkeit, die die tiefsten Spuren hinterlassen und die größte Freude bereiten – sowohl für den Empfänger als auch für dich selbst.

ÜBUNG

FREUDE TEILEN

Indem du achtsam bist und Gelegenheiten wahrnimmst, etwas Gutes zu tun, trägst du zu einer positiven Atmosphäre in deiner Umgebung bei und fühlst dich selbst erfüllter. Also: nimm dir einen Moment Zeit, um innezuhalten und zu überlegen, wie du heute, morgen oder generell jemandem eine Freude machen kannst.

Weitere Tipps:

- Halte immer ein paar kleine Botschaften oder Notizen griffbereit, um spontan Freude zu bereiten.
- Führe ein „Freundlichkeits-Tagebuch", in dem du die kleinen Gesten notierst, die du gezeigt hast, und die Reaktionen, die du beobachtet hast.
- Teile deine Erfahrungen und die Freude, die du erlebt hast, mit anderen, um sie zu inspirieren, ebenfalls kleine Gesten der Freundlichkeit in ihren Alltag einzubauen.

SENDE LIEBE AUS

Wie oft nehmen wir uns wirklich die Zeit, unseren Liebsten zu sagen, was wir an ihnen schätzen? In unserem hektischen Alltag verlieren wir oft aus den Augen, wie wertvoll die Menschen um uns herum sind. Zu oft gehen die kleinen Gesten der Zuneigung unter, weil wir sie als selbstverständlich erachten. Dabei sind es gerade diese Momente der Anerkennung und Wertschätzung, die unsere Beziehungen stärken und uns emotional bereichern. Es ist an der Zeit, die Aufmerksamkeit bewusst auf die Menschen zu lenken, die uns am nächsten stehen – unsere Familien, Partner und engsten Freunde. Diese kostbaren Beziehungen werden im Alltagsstress oft vernachlässigt, obwohl sie unser größtes Gut sind.

Nimm dir bewusst Zeit für liebevolle Worte und Gesten. Ein einfaches „Ich liebe dich" oder „Danke, dass du immer für mich da bist" kann mehr bewirken, als du denkst. Auch eine kleine Aufmerksamkeit, wie das Lieblingsgetränk mitzubringen oder eine kurze Nachricht zu schreiben, zeigt, dass du an die Person gedacht hast. Unterschätze nicht die Macht einer Umarmung. Körperliche Nähe, besonders zwischen Männern, wird oft übersehen oder sogar gemieden. Doch eine Umarmung kann Trost spenden, Vertrauen stärken und eine tiefe Verbundenheit vermitteln. Mach du den ersten Schritt, um deine Zuneigung zu zeigen. Zeige deinen Liebsten, wie viel sie dir bedeuten und wie sehr du sie schätzt. Indem du aktiv Liebe und Zuneigung ausdrückst, förderst du eine Atmosphäre der Geborgenheit und des Vertrauens. Diese liebevollen Momente sind wie Balsam für die Seele und bieten einen Gegenpol zur Hektik und dem Stress des Alltags.

DU VERGIBST NICHT FÜR DEN ANDEREN

Vergebung ist die mächtigste Waffe und der größte Schlüssel zur Freiheit. Und die einzige Option für dich.

Es gibt Momente im Leben, die uns auf die Probe stellen. Situationen, in denen uns Menschen verletzen, enttäuschen oder sogar verraten. Es gibt Partner, die betrügen, verletzen und misshandeln. Es gibt Freunde, die verleumden und das Vertrauen missbrauchen. Es gibt Menschen, die Böses tun, um anderen Schaden zuzufügen, manche unbewusst, manche mit voller Absicht. Und höchstwahrscheinlich hast du etwas davon schon mal erlebt. Wir alle kennen diese schmerzhaften Erfahrungen, die uns bis ins Mark erschüttern und uns oft für lange Zeit gefangen halten. Solche Erfahrungen sind nicht nur enorm schmerzhaft im Augenblick, sondern haben oft Konsequenzen, die weit in die Zukunft hineinreichen. Die Verletzung tut immer weh, ganz egal, wie lange sie her ist – manchmal verdrängt man sie, und erlebt sie mit einer ungeahnten Heftigkeit bei einem Aufeinandertreffen oder ähnlichem Erlebnis. Doch während wir uns in den Strudel von Vorwürfen, Schmerz, Wut und Hass verlieren können, gibt es eine Kraft, die uns wieder befreien kann: Vergebung.

Vergebung ist keine leichte Aufgabe. Sie erfordert Mut, Stärke und tiefe innere Arbeit. Doch sie ist auch eine der kraftvollsten und heilsamsten Handlungen, die wir vollbringen können. Warum? Weil Vergebung nichts mit der anderen Person zu tun hat, sondern nur mit uns selbst. Wenn du dauernd Groll und Ärger in deinem Herzen herumträgst, ist das wie eine ständige Last auf deinen Schultern. Es ist, als würdest du freiwillig einen schweren Rucksack mit dir herumschleppen, obwohl du die Möglichkeit hast, ihn jederzeit abzulegen und unbeschwert weiterzugehen. Wer will das schon?

Vergebung ist wie eine geheime Superkraft, die du in dir trägst. Wenn wir an Groll und Ärger festhalten, tragen wir diese Last in unserem eigenen Herzen. Nicht vergeben zu können, ist wie ein unsichtbares Gefängnis, das uns daran hindert, unser volles Potenzial auszuschöpfen. Es lässt uns verbittert werden, schwächt unsere Gesundheit und raubt uns die Lebensfreude.

Vergebung dagegen ist ein Akt der Befreiung. Vergebung erhöht deine Schwingung. Sie führt dich in die Liebe zurück. Vergebung erinnert dich an deine Kraft. Die Kraft der Liebe. Sie bedeutet nicht, das Geschehene zu legitimieren oder zu vergessen, sondern sich selbst von der Last des Schmerzes zu befreien. Sie ist eine bewusste Entscheidung, die uns die Macht über unser eigenes Leben zurückgibt.

Du brauchst keine Reue oder Entschuldigung des anderen, um zu vergeben. Du kannst die Entscheidung treffen, loszulassen und Frieden zu finden, unabhängig von den Handlungen anderer. Vergebung bedeutet nicht, dass du weiterhin dauerhaft mit der Person Kontakt haben musst, vor allem nicht, wenn keine Änderung ihres Verhaltens in Sicht ist.

Es ist eine Entscheidung, die du für dich selbst triffst, um dich von der Last der Vergangenheit zu befreien und Raum für Heilung und Wachstum zu schaffen. Es ist die mächtigste Kraft, die du besitzt, und der größte Schlüssel zur Freiheit. Und letztendlich ist es die einzige Option für dich, wenn du wahres Glück und inneren Frieden finden möchtest.

RITUAL

VERGEBUNGSRITUAL

Manchmal tragen wir alte Verletzungen, Groll und unverarbeitete Konflikte in uns, die uns daran hindern, in Frieden zu leben und uns weiterzuentwickeln. Um uns von diesen schweren Lasten zu befreien und den Weg des Verzeihens zu beschreiten, können wir ein Ritual der Vergebung durchführen. Dieses Ritual ermöglicht es uns, uns selbst und anderen zu vergeben, alte Wunden zu heilen und einen Raum der Liebe und des Mitgefühls zu schaffen.

Du benötigst für dieses Ritual:

- 2 Zettel und einen Stift
- kleine Rosenquarz-Steine (alternativ einfache Kieselsteine)
- eine Kerze
- Rosenblüten oder Rosenduft
- Salbei zum Räuchern
- ein Feuerzeug oder Streichhölzer

So gehts:

- Mache es dir gemütlich und richte deinen Ritualplatz ein. Zünde deine Kerze an und zentriere dich. Öffne deinen heiligen Raum und spüre, wie du in innere Balance kommst.

- Lege mit den kleinen Rosenquarz-Steinen eine liegende Acht vor dich.

- Schreibe deinen Namen auf einen Zettel und lege ihn in einen Teil der liegenden Acht. In die andere Schleife der Acht lege einen Zettel mit einer Person oder Situation, der du vergeben möchtest.

- Entzünde etwas Salbei und räuchere mit dem Rauch über der liegenden Acht. Male dabei einen Kreis gegen den Uhrzeigersinn über der liegenden Acht mit dem Salbei und sprich dabei laut oder leise: „Ich öffne mein Herz für die Kraft der Vergebung. Ich lasse los, was mich belastet, und erlaube mir, tiefste Heilung und Transformation zu empfangen. Mögen alle Bindungen und Anhaftungen durch die Kraft der Liebe und des Mitgefühls gelöst werden. So ist es und so sei es!"

- Lege den Salbei zur Seite und schließe die Augen. Stelle dir vor, wie sich die Vergebung in dir und in der betroffenen Person oder Situation entfaltet. Spüre den Frieden und die Freiheit, die durch die Vergebung entstehen.

- Nimm die Rosenblüten und lege sie jeweils in die Hälften der liegenden Acht und fühle ihre zarte Schönheit und ihren Duft der Liebe. Bitte darum, dass sich alles zum höchsten Wohle entwickelt.

- Schließe nun den heiligen Raum, indem du dankbar bist für die Möglichkeit der Vergebung und des Wachstums. Lösche die Kerze und lasse die liegende Acht gerne so lange liegen, bis du das Gefühl hast, sie auflösen zu wollen.

Wiederhole dieses Ritual bei Bedarf, um immer wieder Raum für Vergebung und Heilung zu schaffen. Möge die Kraft der Liebe und des Mitgefühls dich und andere auf dem Weg der Vergebung begleiten und transformieren.

RITUAL

TRENNUNGSRITUAL

Nutze dieses Ritual, um die energetischen Verbindungen zu beenden, die du mit einer Person, einem Arbeitsplatz oder einer vergangenen Erfahrung eingegangen bist und die dich heute noch beeinflusst. Du kannst es auch verwenden, um ein Verhaltensmuster, eine einschränkende Überzeugung oder eine Denkweise loszulassen, von der du dich befreien möchtest. Dieses Ritual ermöglicht dir, einen Neuanfang zu definieren und aufrechtzuerhalten.

Du benötigst für dieses Ritual:

◊ eine Kerze und Streichhölzer oder ein Feuerzeug

◊ zwei verschiedene Stücke Band, Wolle oder Schnur

◊ eine feuerfeste Schale/Behälter

So gehts:

- Richte dir deinen Raum gemütlich her, entzünde einen wohligen Duft, zum Beispiel Salbei zum Reinigen und Loslassen. Stell die Schale vor dich und lege die zwei Schnüre dazu.
- Lege eine Hand auf dein Herz und verbinde dich mit deiner Seele.
- Entzünde nun die Kerze und atme einige Male tief ein, bevor du das erste Band aufnimmst. Denk dabei an die Beziehung oder Situation, die du gerne beenden oder neu definieren möchtest. Spüre allen aufkommenden Gefühlen intensiv nach.
- Spanne das Band straff über der Flamme der Kerze und stelle dir bildlich vor, wie sich die energetische Verbindung trennt. Atme auch hierbei einige Male tief ein und erlaube dir, alle aufkommenden Gefühle zu spüren.
- Führe das Band behutsam und langsam zur Flamme, sodass sie in der Mitte das Band oder den Faden anzündet. Sage laut: „Ich durchtrenne alle Verbindungen zu dieser Person/Situation/Überzeugung mit Liebe und Dankbarkeit. Ich lasse los und befreie mich von allem, was mir nicht mehr dient. Ich löse diese Verbindung und ziehe meine Energie jetzt zurück. Ich bin frei. Ich bin frei. Ich bin frei.“
- Lass das Band nun in die Schale fallen und spüre dabei noch einmal bewusst nach. Nimm dir Zeit, um die Erleichterung zu spüren, die du erfährst, indem du dieses Band durchtrennt hast.
- Lösche dann sanft die Kerze. Nun hast du Raum geschaffen für Neues! Lass dir von der Energie dieses Rituals helfen, deinen Weg zu finden.

KAPITEL 4

ENERGETISCHE REINIGUNG

Kläre deine Energie

In unserer Welt umgeben uns unaufhörlich verschiedene Energien. Ähnlich wie Erde beim Spaziergang im Wald am Schuh kleben bleiben kann, haben Energien die Tendenz, sich an uns zu heften. Diese Energien stammen von den Menschen, mit denen wir interagieren, den Orten, die wir besuchen, und den Erfahrungen, die wir machen. Im Wald ist Erde natürlicher Bestandteil der Umgebung und lässt sich leicht abschütteln. Doch zu Hause, in unserem Wohnzimmer, wäre Erde eher unpassend und würde als Schmutz empfunden. Völlig selbstverständlich nehmen wir dann den Staubsauger zur Hand und beseitigen den Dreck.

Ähnlich verhält es sich mit unseren energetischen Feldern. Durch den Kontakt mit verschiedenen Energien können sich negative oder belastende Einflüsse ansammeln, die unser inneres Gleichgewicht stören können. Diese „energetischen Verschmutzungen" können sich auf unser Wohlbefinden auswirken, indem sie unser Energiesystem belasten und uns emotional, mental oder sogar physisch beeinträchtigen. Daher ist es wichtig, regelmäßig für eine energetische Reinigung zu sorgen, um diese Fremdenergien loszuwerden und unsere eigene Energie zu klären.

Indem wir uns bewusst Zeit nehmen für Rituale zur energetischen Reinigung, schaffen wir eine Umgebung, die uns unterstützt und nährt. Wie wir den Staub im Wohnzimmer beseitigen, können wir auch negative Energien aus unserem energetischen Feld entfernen, um Platz für Klarheit, Ruhe und inneres Gleichgewicht zu schaffen. Dieser Prozess der energetischen Reinigung ist wie ein Reinigungsritual für die Seele, das uns hilft, uns selbst besser zu verstehen und unsere Resilienz zu stärken.

In diesem Kapitel werden wir verschiedene Techniken zur energetischen Reinigung kennenlernen. Von Ritualen zur Reinigung von Räumen und Auren bis hin zu persönlichen Schutzritualen werden wir Methoden erforschen, die uns helfen, negative Energien loszulassen und unser energetisches Gleichgewicht wiederherzustellen. Indem wir uns Zeit nehmen, uns und unsere Umgebung energetisch zu reinigen, schaffen wir Raum für Freude, Klarheit und inneres Gleichgewicht.

KÖRPER UND GEIST

Unser Energiesystem, bestehend aus Körper, Geist und Seele, ist permanent von äußeren Einflüssen umgeben, die uns belasten können. Stell dir vor, dein Energiefeld ist wie ein unsichtbarer Mantel, der dich umgibt. Im Laufe der Zeit kann dieser Mantel durch Stress, negative Gedanken und den Kontakt mit schwierigen Situationen belastet werden. Diese energetischen Verschmutzungen können sich wie dunkle Wolken um dich herum ansammeln und dein Wohlbefinden beeinträchtigen.

Ähnlich wie wir uns körperlich reinigen, um Gesundheit und Wohlbefinden zu fördern, bedarf auch unser energetisches System regelmäßiger Pflege. Lass uns zunächst verschiedene Techniken zur energetischen Reinigung erkunden, die uns helfen, diese Belastungen zu lösen und unseren inneren Glanz und unsere Resilienz zu stärken.

ÜBUNG

ABENDLICHE ENERGIEREINIGUNG

Wenn der Tag sich dem Ende zuneigt und die Dunkelheit hereinbricht, ist es an der Zeit, die Lasten des Tages abzuschütteln und uns auf eine Reise der inneren Reinigung und Erholung zu begeben.

In dieser Zeit des Übergangs zwischen Tag und Nacht begegnen wir oft belastenden Gedanken, die sich wie dunkle Schatten um uns herum zu sammeln scheinen. Doch bevor wir in die Welt der Träume eintauchen, lohnt es sich, einen Moment innezuhalten und diese negativen Energien loszulassen. Denn unser Schlaf sollte ein Ort der Ruhe und des Friedens sein, frei von allem, was uns belastet. Mit der folgenden Technik kannst du eine Nacht erholsamen Schlafes genießen und am nächsten Morgen mit Leichtigkeit im Herzen den Tag beginnen. Seitdem ich diese Praxis in meinen Alltag integriert habe, hat sich nicht nur mein Schlaf verbessert, sondern auch meine innere Ruhe und Gelassenheit.

So gehts:

- Beginne, indem du eine Hand auf dein Herz legst und tief ein- und ausatmest. Spüre den Rhythmus deines Herzschlags und erlaube dir, in diesen Moment der Stille einzutauchen.
- Dann sprich leise oder in Gedanken folgende Worte: „Ich lasse alle Energie los, die ich heute von Menschen und Orten aufgenommen habe. Zu meinem höchsten Wohl und meinem höchsten Besten lasse ich alles los, was heute geschehen ist. Ich bin in Frieden, ich bin in Sicherheit, ich bin Ruhe. Ich bin verbunden mit dem höchsten göttlichen Sein."
- Fühle, wie sich mit jedem Ausatmen die Lasten des Tages von deinen Schultern lösen und Raum für Frieden und Gelassenheit schaffen. Erlaube dir, in diesen Moment der inneren Ruhe einzutauchen und dich sanft in den Schlaf gleiten zu lassen.

Lass uns gemeinsam deine Energie aktivieren im Onlinebereich.

ÜBUNG

ENERGIE-SHAKE-OUT

ENTSPANNEN, AUFLADEN, STRAHLEN: HOL DIR DEINE POSITIVE ENERGIE ZURÜCK!

In unserem hektischen Alltag begegnen wir oft Energien, die an uns haften bleiben, uns über den Tag begleitet haben und uns dann träge und ausgelaugt fühlen lassen. Doch das muss nicht sein! Du hast die Macht, diese negative Energie einfach abzuschütteln. Selbst in einfachsten Bewegungen und Atemtechniken liegt das Potenzial, Stress zu lösen und so Platz für frische und positive Energie zu machen. Diese kleine Übung ist meine persönliche Rettung für jene miesen Tage, an denen irgendwie alles nervig ist und die negative Energie mich zu überwältigen droht.

So gehts:

◊ Setze dich in eine bequeme Position und schließe deine Augen. Atme tief in deinen Bauch ein und sammle dort alle negative Energie, die du loswerden möchtest.

◊ Atme aus und führe die gesammelte Energie vom Bauch bis zum Herzen. Stelle dir vor, wie die negative Energie deinen Körper verlässt, während du ausatmest. Unterstütze den Prozess mit deinen Händen, indem du sie von deinem Bauch zum Herzen und von dir wegbewegst.

◊ Wiederhole diesen Vorgang dreimal, um sicherzustellen, dass du alle negative Energie loswirst.

◊ Klopfe mit den Fingerkuppen über deinen Brustkorb und bringe die stagnierende Energie in Bewegung.

◊ Schüttle anschließend deine Hände um deinen Körper herum, als ob du Wasser abschütteln würdest, um die Energie wieder leicht und fluffig werden zu lassen.

◊ Atme schließlich tief ein, lege deine Hände sanft auf dein Herz und spüre die Ruhe und den Frieden, die einkehren. Lass dich von diesem Gefühl der inneren Ruhe umhüllen und genieße den Moment der Gelassenheit.

ÜBUNG

BREATH OF JOY

DAS ULTIMATIVE ENERGIE-BOOSTER-RITUAL!

In einer Welt, die oft von Hektik und Stress geprägt ist, greifen viele von uns automatisch zur Tasse Kaffee, um sich morgens aufzuwecken oder im Laufe des Tages einen Energieschub zu geben. Doch was, wenn es eine natürlichere und nachhaltigere Möglichkeit gäbe, um unsere Energie zu steigern und unseren Geist zu beleben?

Stell dir vor, anstatt auf Koffein zurückzugreifen, könntest du dich mit einer einfachen Atemübung erfrischen und deine Stimmung aufhellen. „Breath of Joy" ist eine solche Alternative, eine kraftvolle Atempraxis aus dem Kundalini-Yoga, die nicht nur deine Energie steigert, sondern auch dein Herz öffnet und deine Stimmung verbessert.

Es ist eine schnelle Möglichkeit, um dich wieder lebendig und vital zu fühlen, ohne auf externe Stimulanzien zurückgreifen zu müssen. Also, bevor du zur nächsten Tasse Kaffee greifst, probiere doch mal die „Breath-of-Joy"-Methode aus und spüre die belebende Kraft des Atems.

Diese Übung kann mehrmals wiederholt werden, um die Energie zu steigern und den Geist zu beleben. Sie eignet sich besonders gut als morgendliche Aktivierung oder wenn man sich energielos fühlt.

So gehts:

- Stehe aufrecht mit leicht gebeugten Knien, die Füße etwa schulterbreit auseinander.
- Atme einmal ganz tief ein und wieder aus.
- Nun folgen drei schnelle Einatemzüge durch die Nase, gefolgt von einer langen Ausatmung durch den Mund.
- Atme tief ein, während du deine Arme vor dir auf Schulterhöhe hebst.
- Atme tief ein, während du deine Arme seitlich ausbreitest.
- Atme tief ein, während du deine Arme über den Kopf hebst, sodass sie ein „Y“ bilden.
- Atme mit einem kraftvollen Ausatmen aus, während du den Oberkörper nach vorne beugst, die Arme nach hinten durchschwingst.
- Wiederhole diesen Vorgang neun weitere Male, wobei du dich bei jedem Ausatmen weiter nach vorne beugst und die Arme kraftvoller durchschwingen lässt.
- Danach kehre in die aufrechte Position zurück, atme normal weiter und spüre den Energie-Kick!

Erlebe eine kurze Lichtdusche-Meditation im Onlinebereich.

ÜBUNG

LICHTDUSCHE – AURAREINIGUNG

Weißes Licht wird oft als Symbol der Reinheit und Klarheit betrachtet, und das aus gutem Grund. Es ist eine unendliche Quelle der Reinigung und Heilung, die in der Lage ist, negative Energien zu vertreiben und uns mit positiver Energie zu durchfluten. Ähnlich wie das Sonnenlicht die Dunkelheit vertreibt, hat weißes Licht die Kraft, die Dunkelheit in unseren Gedanken, Emotionen und unserer Umgebung zu erhellen. Die Reinigung mit weißem Licht ist eine alte Praxis, die in verschiedenen Kulturen und spirituellen Traditionen weltweit bekannt ist. Durch die Verwendung von weißem Licht bei der energetischen Reinigung kannst du dich von negativen Einflüssen befreien und deine innere Strahlkraft wiederherstellen. Gönne dir diese heilsame Erfahrung, und lasse dich von der Kraft des weißen Lichts inspirieren.

Nimm dir regelmäßig Zeit, um dieses Ritual durchzuführen, und spüre, wie es deine Energie anhebt und dein Wohlbefinden steigert.

So gehts:

- Suche einen ruhigen Ort, an dem du ungestört bist und dich wohlfühlst.
- Schließe deine Augen und atme tief ein und aus, um dich zu zentrieren und in den Moment zu kommen.
- Stelle dir vor, wie ein strahlendes weißes Licht von oben auf dich herabströmt. Dieses Licht ist reinigend und erhebend zugleich.
- Lasse das Licht langsam über deinen Körper gleiten, von deinem Kopf bis zu deinen Füßen. Spüre, wie es jede Zelle durchdringt und sie mit positiver Energie auflädt.
- Lasse dann das weiße Licht in deine Aura fließen. Erlaube dem Licht, deine Aura zu reinigen und zu stärken. Lasse belastende Gedanken und Emotionen los.
- Öffne deine Augen und kehre mit einem Gefühl der Leichtigkeit und Erfrischung in den Raum zurück.

Erlebe eine kurze Violette-Flamme-Reinigung im Onlinebereich.

ÜBUNG

VIOLETTE FLAMME

Hartnäckige Blockaden sind wie festsitzende Knoten in unserem Energiesystem, die uns daran hindern, unser volles Potenzial zu entfalten und uns davon abhalten, in unserem Leben voranzukommen. Diese Blockaden können durch verschiedene Ursachen entstehen, wie zum Beispiel traumatische Erlebnisse, negative Glaubenssätze, unverarbeitete Emotionen oder energetische Anhaftungen. Genau dafür ist die violette Flamme eine hervorragende Unterstützung.

Die violette Flamme wird als ein transformatives Licht beschrieben, das alles durchdringt und uns dabei unterstützt, uns von negativen Gedanken, Emotionen und Mustern zu befreien. Sie hat die Kraft, alles zu reinigen, was uns belastet, und uns auf unserem spirituellen Weg zu unterstützen.

So gehts:

- Schaffe eine ruhige Atmosphäre. Setze dich bequem hin und schließe deine Augen. Atme tief ein und aus, um dich zu zentrieren.
- Visualisiere dann ein helles, lebendiges violettes Licht, wie eine Flamme, das sanft von oben durch deinen Körper fließt. Stelle dir vor, wie dieses Licht deinen Körper durchdringt und jegliche Blockaden auflöst.
- Lasse schließlich die violette Flamme durch deine Aura fließen. Stelle dir vor, wie das Licht deine energetische Hülle umgibt, negative Energien entfernt und einen Schutzschirm aus violetten Licht um dich bildet.
- Verweile in dieser Energie und spüre, wie sich dein Selbst von allem Belastenden befreit.
- Beende das Ritual, indem du dich auf die spürbare Leichtigkeit in deinem Energiefeld konzentrierst.

RITUAL

SALZPEELING-RITUAL FÜR DEN KÖRPER

Salz wird seit Jahrhunderten für seine reinigenden und energetisierenden Eigenschaften geschätzt. Es ist nicht nur ein hervorragendes Mittel, um abgestorbene Hautzellen zu entfernen und die Haut zu beleben, sondern es hat auch die Fähigkeit, negative Energien zu absorbieren und zu neutralisieren. Indem wir uns mit Salz reinigen, befreien wir nicht nur unseren Körper von äußeren Einflüssen, sondern auch unseren Geist von inneren Belastungen. Dieses Salzpeeling-Ritual ist jedoch mehr als nur eine körperliche Reinigung. Es ist auch ein Akt der Selbstliebe und Selbstfürsorge. Indem du dir regelmäßig Zeit nimmst, dich um deinen Körper zu kümmern und ihn zu pflegen, zeigst du dir selbst Wertschätzung und Achtsamkeit. Nach diesem Ritual wird sich deine Haut nicht nur weich und geschmeidig anfühlen, sondern du wirst auch eine innere Reinigung und Erfrischung spüren. Es ist ein Moment, um zur Ruhe zu kommen, den Alltag hinter dir zu lassen und dich ganz auf dich selbst zu konzentrieren. Gönn dir dieses wohltuende Ritual, um deinen Körper, deinen Geist und deine Seele zu erfrischen und zu revitalisieren.

Du benötigst für dieses Ritual:

- ◊ grobkörniges Meersalz oder Himalayasalz
- ◊ ein paar Tropfen ätherisches Öl deiner Wahl (z. B. Lavendel, Zitrusfrüchte oder Minze)
- ◊ einige Löffel Trägeröl (wie Mandelöl oder Kokosöl)
- ◊ eine Schüssel zum Mischen

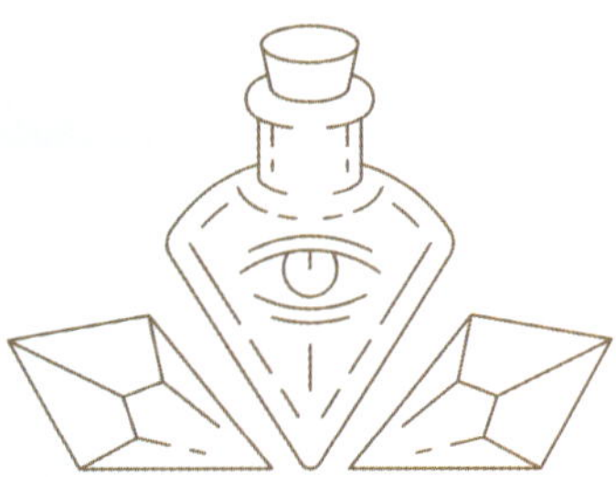

So gehts:

- Mische das grobkörnige Salz mit einigen Tropfen des ätherischen Öls und einigen Löffeln des Trägeröls in der Schüssel, bis eine gleichmäßige Paste entsteht.
- Stelle sicher, dass deine Haut leicht feucht ist, bevor du das Peeling aufträgst. Du kannst vorher kurz duschen oder deine Haut mit Wasser besprühen.
- Trage das Salzpeeling in kreisenden Bewegungen auf deinem ganzen Körper auf, beginnend von den Füßen bis zum Nacken. (Achte dabei auf Wunden oder raue Stellen. Dies könnte schmerzhaft sein.)
- Lasse das Peeling für ein paar Minuten auf deiner Haut einwirken, damit die Salzkristalle ihre reinigende und revitalisierende Wirkung entfalten können.
- Spüle das Peeling gründlich mit warmem Wasser ab.
- Trockne dich sanft ab und genieße das Gefühl von frischer, revitalisierter Haut.
- Entspanne anschließend für einige Minuten, um die belebende Wirkung des Rituals vollständig zu genießen.

Führe dieses Salzpeeling-Ritual einmal pro Woche durch, um deine Haut von abgestorbenen Hautzellen zu befreien, die Durchblutung zu fördern und ein Gefühl von Erfrischung und Revitalisierung zu erleben.

REINIGE DEINE UMGEBUNG

In unseren Häusern und Wohnungen spielen sich tagtäglich zahlreiche Ereignisse und Emotionen ab. Von fröhlichen Familienfeiern bis hin zu hitzigen Diskussionen, von herzlichen Umarmungen bis zu tränenreichen Abschieden – all diese Momente hinterlassen einen energetischen Abdruck in unseren Räumen. Manchmal können diese Energien, besonders wenn sie negativ sind, in den Wänden und Möbeln hängen bleiben. Streit, Traurigkeit oder andere belastende Emotionen können sich regelrecht in den Räumen festsetzen und eine schwer spürbare, aber dennoch präsente Atmosphäre erzeugen. Aus diesem Grund ist es lohnenswert, regelmäßig ein ausgiebiges Raumreinigungsritual durchzuführen, um die negativen Energien abzubauen und Platz für frische und positive Schwingungen zu schaffen. Die regelmäßige Reinigung deines Zuhauses kann einen erheblichen Einfluss auf dein Wohlbefinden und deine Lebensqualität haben.

RITUAL

RÄUCHERRITUAL

Das Räuchern mit Salbei oder anderen Kräutern ist seit Jahrhunderten eine bewährte Methode zur energetischen Reinigung von Räumen und Personen. Der Schlüssel liegt in der Wechselwirkung zwischen Rauch und Energie. Rauch wird traditionell als ein Medium betrachtet, das negative Energien bindet und sie durch seinen Aufstieg in die Luft auflöst. Auf der energetischen Ebene löst der Rauch negative Energien auf und schafft so Platz für positive Schwingungen und eine harmonische Atmosphäre.

Indem du bewusst ein Räucherritual mit der Intention, deine Räume von belastenden Energien zu befreien, durchführst, kannst du einen spürbaren Unterschied in der Atmosphäre und deiner eigenen Stimmung erleben.

Du benötigst für dieses Ritual:
- ◊ feuerfeste Schale und Sand
- ◊ Salbeibündel (smudge stick)

So gehts:

- ◊ Lege die Utensilien bereit. Atme tief ein und aus und zentriere dich.
- ◊ Entzünde das Salbeibündel an der Spitze und fächere der Flamme Luft zu, bis das Bündel zu qualmen beginnt.
- ◊ Dann kann das Räuchern auch schon losgehen! Beginne mit dem Ausräuchern bei der Eingangstür und gehe mit deinem Räucherstick durch jedes Zimmer. Gehe gegen den Uhrzeigersinn von Raum zu Raum und schenke den Ecken und Nischen besondere Aufmerksamkeit, da sich dort Energien sammeln wie Staubflusen.
- ◊ Bist du wieder beim Eingang angekommen, lass den Rauch noch einen Moment wirken und lüfte anschließend gut durch.
- ◊ Während du lüftest, schüttle die Kissen und Decken neu auf, um sie positiv aufzuladen.

ÜBUNG

RAUMREINIGUNGSRITUAL MIT KLANG

Ein Reinigungsritual mit Klang ist eine kraftvolle Methode, um die Energie in einem Raum zu transformieren und eine harmonische Atmosphäre zu schaffen. Durch die Verwendung von Tönen und Schwingungen können wir alte, stagnierende Energien auflösen und positive Schwingungen aktivieren. Während du das Ritual praktizierst, konzentriere dich darauf, den Raum von negativen Energien zu reinigen und mit Liebe, Ruhe und positiver Energie zu füllen. Spüre die Veränderung in der Atmosphäre und genieße die erneuerte Energie in deinem Zuhause.

Du benötigst für dieses Ritual:

- ◊ eine Klangschale oder ein Mantra oder dein Lieblingslied
- ◊ optional: eine Trommel

So gehts:

- Stelle dir vor, wie du durch deine Füße tiefe Wurzeln in die Erde wachsen lässt und dich mit ihrer stabilen und nährenden Energie verbindest. Atme tief ein und aus und spüre die Kraft und Stabilität, die von der Erde ausgeht.
- Nun ist es Zeit, die alte, stagnierende Energie in Bewegung zu bringen. Klatsche in die Hände oder greife zur Trommel und gehe mit kraftvollen Bewegungen gegen den Uhrzeigersinn durch die Räume. Visualisiere, wie der Klang die festgehaltene Energie löst und in Bewegung bringt, während du dich durch die verschiedenen Zimmer bewegst.
- Lüfte anschließend gut durch, um die gelöste Energie aus den Räumen zu vertreiben.
- Nutze dann eine Klangschale, ein Mantra oder dein Lieblingslied, um die Räume mit positiven Schwingungen und neuer Energie zu füllen. Spüre, wie die Schwingungen sich im Raum ausbreiten und eine Atmosphäre von Ruhe und Harmonie schaffen.

Tipp:

Du kannst die Kraft des Räucherns auch nutzen, um deine Aura zu klären, indem du dich in den Rauch eines Räucherstäbchens oder -bündels hüllst und dir vorstellst, wie alle negativen Energien aus deiner Aura herausgezogen werden. Alternativ kannst du auch Klang verwenden, indem du eine Klangschale, eine Trommel oder eine Rassel verwendest, um deine Aura mit positiven Schwingungen zu füllen und negative Energien zu vertreiben.

KAPITEL 5

INTUITION UND SPIRITUELLE FÜHRUNG

Folge dem Leuchten deiner Seele

Inmitten des hektischen Alltags und der vielfältigen Herausforderungen, denen du gegenüberstehst, gibt es eine wundervolle Quelle der Kraft und Führung, die oft übersehen wird: deine Verbindung zu den höheren Sphären des Universums. In diesem Kapitel möchte ich gemeinsam mit dir eintauchen in die tiefen Gewässer deiner Seele, deiner Intuition und der spirituellen Führung, um das unsichtbare Netzwerk zu erkunden, das uns mit dem Universum verbindet. Deine Seele, wie ein funkelnder Diamant im Inneren deines Wesens, birgt unermessliche Weisheit und eine unerschöpfliche Quelle der Liebe. Wenn wir lernen, auf die sanfte Stimme unserer Intuition zu hören und uns von unseren Spirit Guides führen zu lassen, öffnen wir die Tür zu einem Leben, das im Einklang mit unserem höheren Selbst und den kosmischen Gesetzen steht.

Während wir uns auf diese Reise begeben, werden wir gemeinsam lernen, wie wir die Signale des Universums erkennen und interpretieren können, um uns auf unserem Lebensweg zu leiten und zu unterstützen. Wir werden entdecken, wie du dich mit deinen Spirit Guides verbinden kannst, um ihre liebevolle Führung und Unterstützung zu empfangen, und wie du deine eigene innere Stimme stärken kannst, um in Harmonie und Liebe zu leben. Lass uns gemeinsam eintauchen in die Welt der höheren Sphären, um die verborgenen Schätze zu entdecken, die dich auf deinem Weg des Wachstums, der Heilung und der Erfüllung begleiten. Möge dieses Kapitel uns tiefer in die Essenz unserer Existenz führen und uns helfen, das Licht zu erkennen, das in uns und um uns herum strahlt.

In manchen Phasen unseres Lebens fühlen wir uns wie verlorene Wanderer in der Dunkelheit, die nach Antworten, nach Orientierung und einem Hoffnungsschimmer suchen. Die meisten von uns sind darauf trainiert, rationale Entscheidungen zu treffen, die sich auf Ergebnisse beziehen, die normalerweise mit Geld, Status oder Zeit zusammenhängen. Deshalb verlassen wir uns stark auf äußere Quellen, und unser Verstand ist darauf ausgerichtet, den Entscheidungsprozess voranzutreiben. Dabei übersehen wir oft die strahlende Quelle des Lichts, die bereits in uns brennt – unsere Seele. Ich betrachte die Seele als den uralten, klugen Teil unseres Wesens, der sich dafür entschieden hat, hier in diesem Leben, in diesem Körper, auf diesem Planeten zu existieren. Für mich ist die Seele mit dem gleichen intelligenten Rhythmus des Lebens verbunden, der den Blumen sagt, wann sie blühen sollen, den Jahreszeiten, wann sie kommen und gehen sollen ... und den Tieren, wann sie sich paaren sollen. Die Weisheit der Seele zeigt sich für mich in ihrer Fähigkeit, mit der Natur im Einklang zu sein und den richtigen Zeitpunkt für Veränderungen oder Entwicklungen zu erkennen. Sie ist wie ein unsichtbarer Faden, der uns durch das Labyrinth des Lebens führt und uns leitet, auch wenn wir manchmal den Weg nicht auf Anhieb erkennen können. Die Seele ist für mich der leuchtende Kompass, der uns hilft, inmitten der Wirren des Alltags unsere wahre Bestimmung zu finden. Wenn wir den Weg unserer Seele erkennen und ihm folgen, beginnen wir zu leuchten wie die Sonne am Morgenhimmel. Es ist ein Gefühl von Harmonie, von Einssein mit dem Universum, als würden plötzlich alle Puzzlestücke unseres Lebens an ihren Platz fallen und ein wundervolles Bild der Erfüllung und des Zwecks ergeben. Es erfordert ein feines Gehör, um den Ruf der Seele zu vernehmen, denn er ist leise und subtil. Doch je mehr wir uns ihm öffnen, desto klarer wird er. Er führt uns zu den Dingen, die unser Herz erfreuen, zu den Menschen, die unsere Seele nähren, zu den Träumen, die uns lebendig machen. Ein seelengeführtes Leben gleicht einer aufregenden Schatzsuche nach dem verborgenen Pfad, den das Universum uns zeigen möchte. Denn wenn du das tust, wirst du erkennen, dass du bereits das strahlende Licht bist, nach dem du gesucht hast. Und in diesem Licht wirst du deine wahre Schönheit entdecken und die Welt um dich herum mit deinem Glanz erhellen. Klingt das nicht spannend?

Die Intuition als Brücke zu deiner Seele

Die Intuition ist wie eine leise, jedoch kraftvolle Stimme, die tief in unserem Inneren erklingt und weit mehr darstellt als nur ein Gefühl oder eine Ahnung. Sie dient als direkte Verbindung zu unserer Seele, eine unsichtbare Brücke, die uns mit den tieferen Ebenen des Seins verbindet. Auch wenn viele intuitive Einsichten auf menschlichen Erfahrungen basieren, wie beispielsweise das Vorhersagen des Verhaltens eines geliebten Menschen oder das Erfassen verborgener Emotionen, existiert auch eine „übergeordnete Intuition". Diese übermittelt die Botschaften unserer Seele, wo unsere Wahrheit, unser Licht und unsere Weisheit ruhen. Jeder von uns hat es schon einmal erlebt, dass ein starkes Bauchgefühl uns den richtigen Weg gewiesen hat, auch wenn unser Verstand Zweifel hegte. Es sind Momente inspirierender Klarheit, in denen sich ein inneres Wissen zeigt. Manchmal kommt sie in Form von Bildern, die plötzlich in unseren Köpfen auftauchen, oder als ein unerklärliches Gefühl von Gewissheit, das uns überkommt. Intuition ist keine fremde Kraft, die von außen kommt, sondern eine innere Fähigkeit, die schon immer in uns vorhanden war und darauf wartet, von uns entdeckt und genährt zu werden. Wie eine zarte Blume, die sich der Sonne zuwendet, wartet unsere Intuition darauf, dass wir ihr unsere Aufmerksamkeit schenken und sie in unserem Leben erblühen lassen. Deine Intuition ist ein wertvolles Geschenk, das dir dabei hilft, authentisch und erfüllt zu leben.

Wie spricht Intuition zu dir?

Deine Intuition kann auf unterschiedliche Weise zu dir kommen – durch das Sehen von Zeichen und Symbolen, das Riechen von Düften, das Schmecken von Aromen oder das Hören von inneren Stimmen. Manchmal ist es jedoch einfach ein tiefes Wissen, das ohne äußere Reize auftaucht, und doch so stark und unbestreitbar ist. Manchmal spürst du sie als einen Kloß im Magen, der dich vor einer unheilvollen Entscheidung warnt. In anderen Momenten kann es ein plötzliches Gefühl der Klarheit sein, das dir sagt, dass du auf dem richtigen Weg bist. Es ist faszinierend zu erkennen, dass deine Intuition nicht nur eine abstrakte Idee ist, sondern in deinen körperlichen Empfindungen verankert ist. Natürlich nehmen wir unsere Intuition mit allen Sinnen wahr, aber oft nutzen wir einen oder zwei Sinne als Hauptkanal.

Übung:

Sobald du dir bewusst darüber bist, wie deine Intuition zu dir spricht, wird es leichter, ihre Signale von den Gedanken deines Verstandes zu unterscheiden. Denke darüber nach, welcher deiner intuitiven Sinne für dich am präsentesten ist. Wie kommt deine Intuition zu dir? Ist es durch innere Visionen? Flüstert sie dir ins Ohr? Hast du einen Gänsehautschauer, oder hast du einfach ein tiefes Wissen?

DEIN WEG ZUR INNEREN FÜHRUNG: DREI EINFACHE SCHRITTE ZUR SEELENVERBINDUNG

Die größte Veränderung in meinem Leben geschah, als ich mich entschied, auf die leisen Stimmen meiner Seele zu hören und entsprechend zu handeln. Täglich führe ich drei einfache Schritte aus, die nicht länger als 15 Minuten dauern.

Ich mache sie jeden Tag und erkenne immer wieder, dass Beständigkeit der wahre Schlüssel ist, um ein Leben zu führen, das von meiner Seele geleitet wird und dadurch in eine tiefe Erfüllung und Zufriedenheit mündet. Diese tägliche Praxis hat mir geholfen, in Harmonie mit meiner Seele zu leben und eine tiefere Verbundenheit mit meinem wahren Selbst zu spüren. Letztendlich habe ich erkannt, dass das größte Geschenk, das wir uns selbst machen können, darin besteht, auf die Weisheit unserer Seele zu vertrauen und sie als Führungsinstrument in unserem Leben anzuerkennen. Ich werde dir nun jeden der drei Schritte im Detail erklären.

Schritt 1: Verbinden

Um eine tiefere Verbindung mit der Seele herzustellen, ist es entscheidend, eine tägliche Praxis zu etablieren. Ob es nun 10 Minuten oder nur 5 Minuten sind, spielt keine Rolle – die Kontinuität ist ausschlaggebend. Wähle eine Zeitdauer, die du regelmäßig einhalten kannst. Als ich mich dazu entschloss, täglich zu praktizieren, veränderte sich mein Leben wirklich. Das war die beste Entscheidung meines Lebens. Meine tägliche Meditationspraxis dauert normalerweise etwa zehn Minuten, da ich in dieser Zeit kontinuierlich bei der Sache sein kann. Wenn ich mehr Zeit habe, ist das schön, aber wenn nicht, halte ich mich an diese 10 Minuten – ohne Ausnahmen. Es ist wichtig herauszufinden, was für dich machbar ist und dich dabei unterstützt, eine Verbindung zu deiner Seele herzustellen. Diese Praxis kann vielfältig sein – sei es Meditation, Chanten, ein Spaziergang in der Natur, Tagebuch schreiben oder Tanzen. Wichtig ist, dass sie deine Seele berührt und deinen Geist zur Ruhe bringt. Du wirst merken, dass du eine Verbindung zu deiner Seele hergestellt hast, wenn du das Gefühl hast, dass die Zeit sich ausdehnt und erweitert. Vielleicht spürst du eine tiefe Verbindung zu deinem Herzen und eine gesteigerte Fähigkeit zuzuhören. Dein Inneres wird ruhiger, dein Herz weitet sich aus und inneres Mitgefühl wird leichter zugänglich. Letztendlich wirst du wahrscheinlich eine Verbindung zur inneren Weisheit spüren, die die Verbindung zur Seele darstellt.

Schritt 2: Empfangen

Im zweiten Schritt öffne ich mich aktiv für die Botschaften und Impulse meiner Seele. Für mich ist dazu der Moment kurz nach dem Aufstehen ideal, da der Geist noch klar und frei von den Ablenkungen des Tages ist. Doch wer nicht fragt, bekommt auch keine Antworten. Daher praktiziere ich die Methode der Seelenbefragung, einen Dialog mit meiner inneren Stimme. Eine der drei folgenden Fragen nutze ich dazu: „Wozu ruft mich heute meine Seele?“ oder „Welche Veränderungen wünscht sich meine Seele in meinem Leben?“ oder „Wie kann ich heute mehr in Einklang mit meiner Seele leben?“ Diese Fragen ermöglichen es mir, mich tiefer mit meinem inneren Selbst zu verbinden und klare Einsichten darüber zu erhalten, welche Schritte ich in meinem Leben unternehmen sollte, um meinem Seelenweg zu folgen. Manchmal erhalte ich als Antwort ein Wort, ein anderes Mal ein Bild, und manchmal sogar eine Vision, wie ein kleiner Film, der vor meinem inneren Auge abläuft. Meist sind es sehr einfache Antworten wie ‚Mehr Zeit in der Natur verbringen‘, ‚Kreativität‘, ‚Ruhe‘ oder ‚Setz dich durch‘. Diese Antworten mögen simpel erscheinen, aber sie tragen oft die tiefsten Weisheiten in sich. Die Natur verbindet mich mit meiner Urquelle, Kreativität öffnet meine Seele für neue Möglichkeiten, Ruhe lässt mich meinen inneren Frieden finden, und das Durchsetzen erinnert mich daran, meine Bedürfnisse ernst zu nehmen. In diesen einfachen Botschaften finde ich die Essenz dessen, was meine Seele braucht, um zu erblühen.

Wenn ich Zeit habe, schreibe ich ein paar Seiten. Es ist nicht notwendig, dass das Geschriebene Sinn ergibt. Vertraue einfach dem, was sich zeigt. Nimm deinen Stift und beginne mit den Worten: „Meine Seele ruft mir heute zu: ...“, dann schreibe einfach drauflos, ohne zu wissen, wohin es dich führen wird. Es ist immer faszinierend zu erleben, wie die Antworten auf diese Fragen aus dem Inneren auftauchen und mir den Weg weisen.

Schritt 3: Handeln

Der dritte Schritt besteht darin, dem inneren Ruf zu folgen. Es ist eine Sache, Intuition zu empfangen, aber eine ganz andere, danach zu handeln. Manchmal ergibt die Intuition keinen Sinn und fühlt sich unerreichbar an. Manchmal sind die Botschaften rätselhaft: Ich habe zum Beispiel über Wochen in meiner Meditation einfach nur das Wort „Sichtbarkeit" empfangen und mich gefragt, was das soll. Kann es nicht konkreter sein? Doch jetzt bist du gefragt. Wie kannst du dies umsetzen? In dieser Zeit habe ich erkannt, dass es Zeit ist, meinen intuitiven Impulsen zu vertrauen und zu handeln. Trotz der anfänglichen Verwirrung darüber, wie ich das Wort „Sichtbarkeit" in mein Leben integrieren sollte, habe ich beschlossen, Schritte in die gewünschte Richtung zu unternehmen. Ich habe meinen Podcast gestartet und einen Newsletter etabliert, um meine Botschaft einem größeren Publikum zugänglich zu machen.

Überraschenderweise eröffnete mir der Podcast später die Türen, um Bücher zu schreiben. Durch das Teilen meiner Geschichten und Erfahrungen konnte ich eine Verbindung zu Menschen aufbauen, die nach ähnlichen Antworten suchten. Es war eine erfüllende Reise, die mir zeigte, dass es sich lohnt, dem Ruf meiner Seele zu folgen und den Mut zu haben, neue Wege zu gehen.

Es handelt sich oft um nichts Großes oder Weltbewegendes, sondern um einen kleinen Schritt nach dem anderen. Etwas, das du heute erledigen kannst und nur fünf Minuten dauert. Tatsächlich besteht dein Seelenweg aus Tausenden von kleinen Schritten, jeden Tag. Wenn du konsequent kleine Schritte in Richtung deiner inneren Bestimmung machst, kannst du langsam aber sicher den Pfad zu einem erfüllten Leben und zu innerem Frieden ebnen. Diese kleinen Schritte formen in ihrer Summe die Grundlage für eine tiefere Verbindung zu dir selbst und zu deiner inneren Kraft.

Dem Ruf der Seele zu folgen, ist keine einmalige Angelegenheit, sondern vielmehr eine Art zu leben. Es erfordert, dass du der Verbindung Vorrang einräumst, dass du dem erhaltenen Rat vertraust und danach täglich handelst. Das bedeutet, dass du dich jeden Tag bewusst mit deiner Seele verbindest, ihre Impulse aufnimmst und darauf reagierst. Es ist ein lebenslanger Weg des Wachstums und der Erfüllung.

ÜBUNG

MÜNZWURF

FÜR INTUITIVE ENTSCHEIDUNGEN

Eine Methode, die ich gerne anwende, wenn ich mich nicht entscheiden kann und es schnell gehen muss, ist das Münzwurfverfahren, gepaart mit intuitiver Achtsamkeit. Hierbei geht es nicht darum, das Schicksal der Münze zu überlassen oder blind auf Kopf oder Zahl zu setzen. Du übergibst nicht deine Macht an die Münze, sondern nutzt sie als Werkzeug, um deine eigene Meinung zu erkennen. Es geht vielmehr darum, auf deine intuitive Reaktion auf das Ergebnis zu achten. Indem du auf deine Reaktion achtest, erhältst du Klarheit über deine Gedanken zu den Optionen. Spürst du sofortige Freude oder ein klares „Nein"? Das ist deine Antwort. Nehmen wir an, du kannst dich nicht entscheiden, ob du nach Berlin oder München fahren sollst. Du legst für dich fest: bei Zahl fahre ich nach Berlin, bei Kopf nach München. Dann wirfst du die Münze und die Zahl ist oben, was eindeutig Berlin wäre, aber du bemerkst, dass du enttäuscht mit dem Ergebnis bist, dann hat deine Seele dir eine Antwort gegeben – sie möchte nach München.

Also: Wirf eine Münze. Sobald die Münze gelandet ist, achte auf deinen ersten Impuls oder deine spontane Reaktion auf das Ergebnis. Notiere dir deine Gedanken, Gefühle und Empfindungen in diesem Moment.

VERSTAND VS. SEELE: ENTZIFFERN, WER DEINE ENTSCHEIDUNGEN LENKT

Häufig werde ich gefragt: „Wie kann ich denn unterscheiden, ob mein Verstand oder meine Seele mit mir spricht?" Es scheint ein epischer Kampf zwischen Verstand und Seele zu sein, dabei ist es jedoch wirklich einfach zu erkennen, wer dich gerade berät.

Der Verstand, nun ja, er ist wie dieser Freund, der immer mit einer Liste von Gründen auftaucht, warum du besser keinen Sprung ins Unbekannte wagst. Er liebt es, Abende damit zu verbringen, dir die Welt zu erklären. „Nun, wenn du dies machst", sagt er, und erhebt seinen Zeigefinger in die Höhe, „dann ist jenes das logische Ergebnis." Und da steht er, vollgepackt mit allen möglichen Argumenten, Voraussagen und Theorien darüber, was wohl geschehen wird, wenn du die Tür öffnest, oder sie eben fest verschlossen hältst. Der Verstand ist wie ein vorsichtiger Freund, der dich am Ärmel zupft und flüstert: „Oh, oh, das könnte schiefgehen. Erinnerst du dich an das letzte Mal?" Er schwatzt ständig darüber, was passieren könnte, wenn du dies oder jenes tust – oder eben nicht tust. Und oh, wenn die Zukunft dir Angst macht, ist er der Erste, der rät, sich zurückzuhalten. Er möchte dich vor dem Unbekannten schützen, dich in eine Zuckerglasur des Vertrauten wickeln. Aber wenn es um Dinge geht, die mehr Anerkennung, Status oder einfach nur Wohlgefühl bringen könnten, dann ist er plötzlich ein großer Befürworter.

Doch da haben wir die Seele. Sie ist wie die geheimnisvolle Fee im Wald, die dir nichts über die Zukunft erzählt, sondern einfach nur fordert, dass du ihr vertraust. Sie flüstert dir sanft zu, dass es Zeit ist, einen Schritt zu wagen, auch wenn du nicht weißt, was als Nächstes kommt. Ihre Worte sind sanft, ihr Blick aber fordert dich heraus, den Kopf aus der Schale der Vertrautheit zu stecken, ohne dir einen Blick auf ihre Landkarte zu gewähren. Deine Seele ist wie eine leise, aber kraftvolle Stimme, die aus deinem Inneren zu dir spricht, ohne dass du Argumente bekommst. Es ist das Gefühl, das dich leitet, wenn du dich entscheiden musst, ohne dass du darüber nachdenken musst, warum. In diesen Momenten macht dein Verstand Pause und ermöglicht es deinem inneren Wissen, die Führung zu übernehmen. „Spring", raunt sie, und ihr Lächeln ist ein Rätsel. „Vertraue", singt sie, und die Melodie ist süßer und wilder als jedes Versprechen von Gewissheit, das der Verstand dir je machen könnte. Die

Intuition ist wie die innere Flamme, die ohne einen Funken von Zweifel flackert. Sie ist das tiefe Wissen, dass jeder Schritt, auch ins Ungewisse, ein Tanz ist, eine Bewegung hin zu dem Echten, dem Unverstellten, dem Wesentlichen. Wie oft habe ich schon selbst den Kopf geschüttelt und gefragt: „Aber wo ist der Plan?“ Die Intuition lächelt nur weise und rätselhaft und zeigt auf dein Herz. Nimm es mit Humor, wenn der Verstand und die Seele dich in ein Tauziehen verwickeln. Jeder von ihnen spricht eine Wahrheit, doch sie tun dies auf unterschiedliche Weise. Während der Verstand logische Argumente liefert und versucht, Risiken abzuwägen, spricht die Intuition in leisen, aber kraftvollen Impulsen zu uns.

Habe den Mut, der Stimme zu folgen, die Vertrauen einflößt, selbst wenn der Weg unklar erscheint. Manchmal liegt die wahre Weisheit darin, tiefer einzutauchen, statt auf der sicheren Oberfläche zu verharren. Traue dich, den Mut zu finden, der dich leitet, denn dann strahlt deine Seele heller, die Frequenz erhöht sich und das prickelnde Gefühl der Erfüllung durchströmt dein gesamtes Sein. Wenn du lernst, deine inneren Impulse zu erkennen und zu respektieren, kannst du in Harmonie mit dir selbst und deiner Umgebung leben.

INTUITIV HANDELN: SCHNELLE ENTSCHEIDUNGEN TREFFEN LEICHT GEMACHT

Stelle dir vor, du stehst vor einem Dilemma: Sollte ich diesen Job annehmen oder jenen? Sollte ich nach Berlin oder München fahren? Es ist wie eine geistige Version von „Linksabbiegen oder Rechtsabbiegen“. Und hier stecken wir oft fest, mit unserem Verstand, der hin- und herwankt. Das Leben steckt voller Entscheidungen, manche treffen wir spontan, andere beschäftigen uns wochen- oder sogar jahrelang. Intuition ist eine natürliche Informationsquelle, die uns hilft, Entscheidungen zu treffen. Wenn wir sagen: „Ich folge meiner Intuition“, wollen wir uns mit einer inneren Quelle verbinden, die uns unterstützt, bessere Entscheidungen zu treffen. Besonders wichtig sind für mich die folgenden drei Hilfsmittel, wenn ich vor schwierigen Entscheidungen stehe.

ÜBUNG

ZETTELÜBUNG

AUF DER SUCHE NACH INNERER KLARHEIT

In unserem Leben stehen wir oft vor Situationen, in denen wir uns zwischen verschiedenen Optionen entscheiden müssen, sei es bei wichtigen Lebensentscheidungen, beruflichen Möglichkeiten oder persönlichen Herausforderungen. Diese Übung kann dir helfen, in schwierigen Entscheidungssituationen deine innere Führung zu finden und dich auf den Weg zu bringen, der für dich am besten ist. Viel Spaß beim Ausprobieren!

Vorbereitung:

- Nimm ein großes Blatt Papier (A4 oder größer) und teile es in zwei Abschnitte.
- Schreibe auf jedem Abschnitt eine der Optionen, zwischen denen du dich entscheiden musst. Zum Beispiel könnten es zwei verschiedene Jobmöglichkeiten, Reiseziele oder Entscheidungen für die Zukunft sein.

Durchführung:

- Lege das Blatt Papier so hin, dass die geschriebenen Optionen nach unten zeigen und du sie nicht lesen kannst.
- Stelle dich nun über das Blatt Papier. Schließe deine Augen und atme tief ein und aus, um dich zu zentrieren.
- Konzentriere dich auf dein Inneres und deine Gefühle. Trete nacheinander auf jeden der Zettel. Spüre, wie es sich anfühlt, wenn du über dieser Option stehst.
- Achte auf deine körperlichen Empfindungen, deine Emotionen und deine Intuition.
- Mache dir Notizen darüber, was du fühlst, wenn du über jeder Option stehst.

Reflexion:

Nachdem du über beiden Optionen gestanden hast, nimm dir Zeit, um deine Notizen zu lesen und zu reflektieren.

Welche Option hat sich stärker angefühlt? Welche hat dich mehr zum Strahlen gebracht?

Beachte auch, ob du eine klare Präferenz gespürt hast oder ob beide Optionen ähnlich stark waren.

Schlussfolgerung:

Basierend auf deinen Empfindungen und Reflexionen, triff eine Entscheidung oder wähle eine Option aus. Vertraue darauf, dass deine Intuition dir den Weg gezeigt hat, der dich am meisten zum Strahlen bringt.

ÜBUNG

INTUITIVES SCHREIBEN

DEN FLUSS DER INNEREN WEISHEIT ENTFESSELN

Das intuitive Schreiben ist eine kraftvolle Praxis, die den Fluss deiner inneren Weisheit und Kreativität entfesselt. Es ist ein Schreibstil, der weniger von Logik und Struktur bestimmt wird, sondern vielmehr von Intuition und innerem Wissen. Indem du deine Gedanken ungehindert auf das Papier bringst, tauchst du tief in dein Unterbewusstsein ein und bringst verborgene Einsichten und Erkenntnisse ans Licht. Wenn wir uns diesem Prozess hingeben und unseren Gedanken erlauben, frei zu fließen, können wir eine tiefere Verbindung zu unserem wahren Wesen herstellen und eine Fülle von Einsichten gewinnen. Beginne damit, deine Hand mit dem Stift über die Seite zu bewegen, bevor du weißt, was du schreiben wirst. Auf diese Weise lädst du den weisen Teil von dir ein, deine Hand zu führen – deine Seele, deine innere Weisheit.

Lass uns gemeinsam deine Energie aktivieren im Onlinebereich.

So gehts:

- Finde einen ruhigen und inspirierenden Ort, an dem du dich wohlfühlst und frei von Ablenkungen bist. Entzünde eine Kerze, spiele beruhigende Musik oder verwende ätherische Öle, um eine entspannte Atmosphäre zu schaffen.

- Setze dich bequem hin und schließe die Augen. Atme tief ein und aus, um dich zu zentrieren und dich mit dem gegenwärtigen Moment zu verbinden.

- Stelle dir eine klare Absicht für deine Schreibpraxis. Möchtest du Antworten auf eine bestimmte Frage erhalten, Klarheit über ein bestimmtes Thema gewinnen oder einfach deine Kreativität entfalten? Formuliere deine Absicht in wenigen Worten und halte sie in deinem Geist präsent.

- Beginne mit dem Schreiben, ohne über Grammatik, Rechtschreibung oder Struktur nachzudenken. Erlaube deinen Gedanken, frei zu fließen, und folge dem Impuls deiner Intuition. Schreibe schnell und impulsiv, ohne innezuhalten oder zu zensieren.

- Lass alle Erwartungen und Selbstzweifel los und vertraue darauf, dass die Worte, die aus dir fließen, genau das sind, was du in diesem Moment brauchst. Erlaube dir, dem Prozess zu vertrauen und dich von ihm leiten zu lassen.

- Nachdem du eine Weile geschrieben hast, nimm dir Zeit, um deine Worte zu reflektieren und zu integrieren. Lies deine Aufzeichnungen durch und achte auf wiederkehrende Themen, Einsichten oder Inspirationen. Schreibe Gedanken oder Erkenntnisse auf, die sich während des Schreibens offenbart haben.

DAS DRITTE AUGE: DER SCHLÜSSEL ZUR INTUITION

Das dritte Auge, auch bekannt als Ajna-Chakra im Sanskrit, ist das energetische Zentrum unseres intuitiven Wissens. Es befindet sich zwischen den Augenbrauen und wird oft als Tor zur inneren Weisheit und Intuition beschrieben. Wenn wir unser drittes Auge aktivieren, öffnen wir die Tür zu einem tiefen Verständnis, das über das hinausgeht, was unsere physischen Sinne wahrnehmen können. Es ist der Schlüssel, der uns erlaubt, die verborgenen Botschaften des Universums zu empfangen und zu verstehen. Indem wir unser drittes Auge stärken, können wir unsere intuitiven Fähigkeiten erweitern und uns mit der unendlichen Weisheit des Kosmos verbinden.

RITUAL

RITUAL ZUR ÖFFNUNG DES DRITTEN AUGES

In diesem Ritual werden wir das dritte Auge öffnen, um unsere intuitive Wahrnehmung zu stärken und uns mit unserem inneren Wissen zu verbinden. Mithilfe von Edelsteinen, Räucherwerk und Wasser werden wir uns darauf vorbereiten, das Tor zu unserem inneren Wissen zu öffnen und die Botschaften des Universums zu empfangen.

Du benötigst für dieses Ritual:

- Kerze
- Mondstein und Amethyst (Edelsteine, die mit dem dritten Auge und der Intuition in Verbindung stehen)
- Johanniskraut-Räucherung (bewusstseinserweiternd und unterstützt die Intuition)
- eine Wasserschale

So gehts:

- ◊ Bereite deinen Ritualplatz vor, indem du die Edelsteine und die Räucherung bereitstellst.
- ◊ Entzünde deine Kerze und die Johanniskraut-Räucherung und lasse den Rauch den Raum erfüllen, während du dich hinsetzt und entspannst.
- ◊ Schließe die Augen und atme tief ein und aus, um dich zu zentrieren.
- ◊ Öffne deine Augen und lege die Edelsteine in die Wasserschale.
- ◊ Nimm die Wasserschale in deine Hände und halte sie für einen Moment über die Räucherung.
- ◊ Tauche deine Finger in das Wasser der Schale und benetze sanft deine Stirn mit dem Wasser und sprich leise den Spruch: „Möge mein drittes Auge sich öffnen und mein inneres Wissen erwecken."
- ◊ Spüre, wie das Wasser die Energie der Edelsteine und des Räucherwerks auf deine Stirn überträgt.
- ◊ Schließe dann sanft die Augen und spüre die Energie um dich herum. Visualisiere ein strahlendes, violettes Licht, das sich zwischen deinen Augenbrauen befindet und langsam zu pulsieren beginnt.
- ◊ Stelle dir vor, wie dieses Licht sich nach und nach ausdehnt und dein gesamtes drittes Auge umhüllt, es sanft öffnet und mit Energie füllt.
- ◊ Sei offen für alles, was du in diesem Moment wahrnimmst. Dies können Bilder, Gefühle oder sogar Worte sein, die aus deinem inneren Wissen aufsteigen.
- ◊ Nimm dir Zeit, um die Botschaften zu reflektieren und zu interpretieren. Vertraue auf deine Intuition und das Wissen, das durch dein geöffnetes drittes Auge zu dir kommt.

Beende das Ritual, indem du Dankbarkeit für die erhaltenen Botschaften zeigst und die Edelsteine aus dem Wasser nimmst. Trockne deine Stirn ab und bewahre die Edelsteine an einem schönen Ort auf.

DAS UNIVERSUM STEHT HINTER DIR

In den unendlichen Weiten des Universums, wo Sterne tanzen und Galaxien strahlen, pulsiert in jedem Moment die Energie der Schöpfung. Das Universum ist dein Ozean, voller Potenzial und unbegrenzter Möglichkeiten. Stell dir vor, du bist wie ein Surfer auf den Wellen des Kosmos, bereit, die Wellen zu reiten und die Wunder zu entdecken, die dich erwarten. In meinem eigenen Leben habe ich unzählige Male die Magie des Universums erlebt. Von kleinen Wünschen wie dem Finden eines Parkplatzes in der belebten Innenstadt bis hin zu großen Lebensentscheidungen, bei denen ich um Führung und Klarheit bat – das Universum hat mich nie im Stich gelassen. Vielleicht erinnerst du dich auch an eine Zeit, als du in einer dunklen Gasse standest und nach den Sternen am Himmel blicktest, um eine Antwort zu finden? Oder als du verzweifelt versucht hast, das perfekte Geschenk für einen geliebten Menschen zu finden? Das Universum hat immer einen Weg gefunden, um dich zu leiten und zu unterstützen, auch wenn du es vielleicht nicht sofort bemerkt hast. Denke einen Moment darüber nach, wie viele Male das Universum dir bereits geholfen hat, auch wenn du es vielleicht nicht direkt wahrgenommen hast. Vielleicht hast du einmal den Bus verpasst, nur um herauszufinden, dass er später in einen Unfall verwickelt war. Oder vielleicht hast du einen alten Freund in einer zufälligen Begegnung getroffen, als du ihn am dringendsten gebraucht hast. Diese kleinen „Zufälle" sind oft das Werk des Universums, das seine Fäden im Hintergrund webt, um dir zu helfen und dich zu führen. Das Universum antwortet immer auf seine eigene magische Weise. Ein unerwartetes Treffen, eine zufällige Begegnung oder sogar ein Buch, das dir in die Hände fällt – all diese Dinge sind wie kleine Liebesbriefe des Universums, die dir zeigen, dass du nicht allein bist.

Lass uns gemeinsam erkunden, wie wir diese unendliche Kraft in unserem Leben nutzen können. Die Verbindung mit dem Universum ist eine kraftvolle Quelle der Führung, Weisheit und Inspiration. Es ist eine Reise der Selbstentdeckung und spirituellen Entwicklung, die es uns ermöglicht, tiefer in die Mysterien des Lebens einzutauchen und unsere Verbindung zum Göttlichen zu stärken. Sei offen für die Wunder, die das Universum für dich bereithält, und vertraue darauf, dass du immer auf seine Liebe und Unterstützung zählen kannst.

DIVINE TIMING: DAS UNIVERSUM KENNT DEN PERFEKTEN MOMENT

In einer Welt, die oft von Ungeduld und dem Wunsch nach sofortigen Ergebnissen geprägt ist, ist es wichtig, sich daran zu erinnern, dass das Universum einen Plan hat, der sich oft nicht nach unseren Zeitplänen richtet.

Vielleicht hast du schon einmal erlebt, wie sich die Dinge genau dann zusammenfügten, wenn du es am wenigsten erwartet hast. Ein Jobangebot, das plötzlich auftauchte, als du am verzweifeltesten nach einer Veränderung suchtest. Eine zufällige Begegnung, die zu einer tiefen Freundschaft wurde, als du am einsamsten warst.

Solche Augenblicke, in denen das Übernatürliche eingreift, sind wie kleine Wunder, die uns vor Augen führen, dass das Universum einen Plan verfolgt, der unsere Vorstellungskraft bei Weitem übersteigt.

Ich erinnere mich an eine Zeit in meinem Leben, in der ich mich von einer scheinbar endlosen Abfolge von Rückschlägen und Enttäuschungen überwältigt fühlte. Ich war verzweifelt auf der Suche nach einem Lichtblick, nach einem Zeichen, dass es besser werden würde. Und dann, als ich es am wenigsten erwartete, geschah das Unerwartete – das Universum öffnete eine Tür, die ich nie erwartet hätte. Es war, als ob all die Puzzleteile meines Lebens plötzlich anfingen, sich zu einem Bild zusammenzufügen, das ich nie für möglich gehalten hätte.

Das Universum kennt den idealen Zeitpunkt, um etwas in dein Leben zu bringen, auch wenn du es vielleicht nicht sofort erkennst. Es schickt dir Herausforderungen, um dich zu stärken, und Wunder, um dich zu erheben. Es webt die Fäden des Schicksals im Hintergrund, bereit, dich auf deinem Weg zu führen und zu unterstützen. Auch wenn es seine Zeit braucht, bedeutet das nicht, dass nichts geschieht. Obwohl du vielleicht noch nicht das große Ganze erkennen kannst, heißt das nicht, dass keine Veränderungen stattfinden. Aber manchmal können wir ungeduldig werden, wenn die Dinge nicht so schnell voranschreiten, wie wir es uns wünschen. Wir können frustriert sein, wenn unsere Pläne durchkreuzt werden, oder wenn wir das Gefühl haben, dass wir nicht vorankommen. Doch in diesen Momenten ist es wichtig, sich daran zu erinnern, dass das Universum einen Plan hat, der sich oft nicht sofort offenbart.

Denn was du vielleicht nicht siehst, ist, dass das Leben und das Universum im Hintergrund für dich weben. Es legt Extraschichten ein, nur um sicherzustellen, dass das, was für dich bestimmt ist, und der Pfad, auf dem du wandeln sollst, dir immer sicher sind. Vertraue auf den richtigen Zeitpunkt in deinem Leben. Alles fügt sich zusammen genau dann, wenn es soll – am passenden Ort zur rechten Zeit aus guten Gründen.

Und nur weil bisher noch nichts passiert ist, heißt das nicht, dass das Universum im Hintergrund nicht für dich wirkt. Nichts geschieht zufällig. Alles, was dir begegnet, hat einen Zweck – sei es, dich zu lehren, wachsen zu lassen oder dich auf deinem Weg zu unterstützen. Vertraue darauf, dass das Universum dich auf den richtigen Weg führt, auch wenn du nicht immer den nächsten Schritt sehen kannst.

Affirmation:

Alles geschieht zur richtigen Zeit und am richtigen Ort, mit und durch die richtigen Menschen, immer!

ÜBUNG

SELBSTTEST

SO KOMMUNIZIERST DU MIT DEM UNIVERSUM

Hast du dich jemals gefragt, wie du mit dem Universum kommunizieren kannst? Vielleicht hast du schon einmal um ein Zeichen gebeten, aber es scheint, als ob das Universum nicht darauf reagiert hat. Die Wahrheit ist, dass das Universum immer auf unsere Bitten antwortet, aber manchmal erkennen wir die Zeichen nicht. Hier ist ein kleiner Test, um zu lernen, wie du effektiv mit dem Universum kommunizieren kannst:

Stelle eine klare und präzise Frage an das Universum. Sei spezifisch darin, was du wissen und bis wann du eine Antwort haben möchtest. Überlege dir, welches Zeichen du vom Universum erhalten willst. Es könnte etwas sein, das für dich persönlich eine Bedeutung hat, eine bestimmte Zahl, ein Tier oder ein Ereignis.

Beispiel: *„Universum, bitte zeige mir eine Libelle, wenn ich den neuen Job annehmen soll und lass es mich bis Ende nächster Woche wissen."*

Nachdem du deine Frage gestellt und dein gewünschtes Zeichen festgelegt hast, sei geduldig und vertraue darauf, dass das Universum antworten wird. Manchmal braucht es Zeit, bis die Antwort zu dir kommt. Manchmal können die Antworten subtil sein und in unerwarteten Formen auftauchen. Sei offen dafür, dass das Zeichen in verschiedenen Formen auftauchen kann, wie zum Beispiel in Form einer wiederkehrenden Melodie, eines plötzlichen Treffens mit einer Person, die du lange nicht gesehen hast oder sogar in Form eines unerwarteten Aufklebers auf deinem Weg. Akzeptiere, wenn du das vereinbarte Zeichen nicht siehst. Manchmal ist ein „Nein" die Antwort des Universums, und das ist genauso wichtig zu erkennen wie ein „Ja". Vertraue darauf, dass das Universum immer das Beste für dich im Sinn hat, auch wenn es nicht immer das ist, was du erwartest.

Indem du diese Übung regelmäßig praktizierst, wirst du lernen, wie du effektiv mit dem Universum kommunizieren kannst und wie du die Zeichen erkennst, die es dir sendet. Sei geduldig, sei offen und vertraue darauf, dass das Universum immer auf deine Bitten antwortet, auch wenn es manchmal anders aussieht, als du es erwartest.

RITUAL

VERBINDUNG MIT DEM UNIVERSUM

Indem wir uns bewusst mit den Kräften des Universums verbinden, können wir eine tiefgreifende innere Ruhe und Gelassenheit sowie die Antworten auf unsere Fragen finden und die Erfüllung unserer Wünsche entdecken. Lass uns gemeinsam eintauchen in die stille Präsenz des Universums und uns von seiner unendlichen Liebe und Weisheit umgeben fühlen. Dieses Ritual bietet die Möglichkeit, dich auf die göttliche Führung einzustimmen.

Du benötigst für dieses Ritual:

- ◊ eine große weiße Kerze
- ◊ Räucherwerk
- ◊ ein Orakelset, zum Beispiel mein „Seelengarten-Orakel“

So gehts:

◊ Suche einen ruhigen Ort in deinem Zuhause, an dem du dich ungestört fühlen kannst.

◊ Setze dich bequem hin und schließe deine Augen. Entzünde dein Räucherwerk. Atme tief ein und aus, um dich zu zentrieren und in den Moment zu kommen.

◊ Zünde nun die Kerze an und platzieren sie vor dir.

◊ Öffne deine Hände und sprich leise oder in Gedanken: „Mit dieser Flamme, hell und rein, lass mich mit dem Universum verbunden sein.“

◊ Spüre, wie sich eine warme und liebevolle Energie um dich herum ausbreitet. Visualisiere, wie eine strahlende Lichtsäule vom Himmel zu dir hinabfließt und dich umgibt.

◊ Schließe deine Augen und spüre, wie sich eine warme Umarmung um dich legt – es ist das Universum selbst! Nimm diese Liebe tief in dein Herz auf.

◊ Dann breite deine Orakelkarten aus und lass dir eine Botschaft für die kommenden Tage geben. Lasse dich von der Weisheit und Führung, die dir durch diese Karten zuteil wird, inspirieren.

◊ Beende das Ritual, indem du die Kerze und dein Räucherwerk löschst und dich bei der universellen Energie für ihre Unterstützung bedankst.

◊ Möge die Verbindung mit dem Universum dir Klarheit, Führung und Erfüllung bringen. So sei es!

SPIRIT GUIDES

Spirit Guides sind liebevolle Kräfte des Universums, deine Schutzengel und himmlischen Führer, die bereitstehen, um dich auf deiner Lebensreise zu begleiten und zu unterstützen. Sie sind mehr als bloße Beistände. Sie sind hier, um dir bei der Erfüllung deiner Seelenmission zu helfen und dich auf jedem Schritt deines Weges zu leiten. Ich habe oft die Unterstützung meines geistigen Teams gespürt, sei es bei Entscheidungen, die ich treffen musste, in Momenten, in denen ich Trost und Stärkung brauchte oder sogar beim Schreiben meiner Bücher. Ihre liebevolle Führung hat mir in vielen Situationen geholfen und mich daran erinnert, dass ich niemals allein bin auf meinem Lebensweg. Diese liebevollen Wesen können dich in allen Lebenslagen unterstützen, und nichts ist für sie zu groß oder zu klein. Von großen Entscheidungen bis hin zu kleinen Alltagsanliegen stehen sie dir mit ihrer himmlischen Führung und schützenden Präsenz zur Seite. Doch in einer Welt, die vom freien Willen geprägt ist, können sie nicht ohne deine Erlaubnis eingreifen. Dein geistiges Team wartet darauf, dass du sie in dein Leben einlädst, um dir bei deinen Herausforderungen beizustehen. Mit ihren schützenden Flügeln bieten sie dir nicht nur Trost, sondern auch himmlische Führung und Beistand.

Um bewusst die Hilfe deines geistigen Teams anzunehmen und eine tiefere Verbindung zu ihnen herzustellen, kannst du ein Ritual durchführen:

RITUAL

ZUR VERTIEFUNG DES KONTAKTS MIT DEN SPIRIT GUIDES

Du benötigst für dieses Ritual:

- Kerzen
- Räucherwerk
- einen Bergkristall (der später an den Kontakt erinnern soll)

So gehts:

- Suche dir einen ruhigen, ungestörten Ort für das Ritual aus. Entzünde vor dir eine Kerze, lass ihr Licht den Raum erhellen und eine beruhigende Atmosphäre schaffen.

- Zünde das Räucherwerk an und lass den Duft den Raum erfüllen. Spüre, wie die Rauchschwaden negative Energien vertreiben.

- Halte den Bergkristall in den Händen, schließe die Augen und atme tief durch, um dich zu zentrieren.

- Visualisiere, wie du von einem strahlenden Licht umgeben bist, das dich schützt und umhüllt. Fühle die liebevolle Präsenz deiner Spirit Guides.

- Sprich den folgenden Spruch: „Geliebtes Geistiges Team, in meiner Reise durch dieses Leben bitte ich euch um eure liebevolle Unterstützung und himmlische Führung. Möge euer schützender Flügelschlag mich umhüllen, während ich meinen Weg gehe. Ihr kennt die Wege meines Herzens und ich öffne mich in Demut für eure göttliche Führung. So sei es."

- Halte den Bergkristall fest in deinen Händen und lass ihn sich mit der Energie deiner Absicht aufladen. Stell dir vor, wie er die Verbindung zu deinen Spirit Guides verstärkt. Verweile in diesem Zustand und empfange die Botschaften deiner Spirit Guides.

- Beende das Ritual in Dankbarkeit für die Unterstützung deines Geistigen Teams. Lösche die Kerze und lass das Räucherwerk langsam ausbrennen.

- Platziere den aufgeladenen Bergkristall in deinem Zuhause, wo du ihn täglich sehen kannst. Nutze ihn als Erinnerung an deine Spirit Guides und ihre liebevolle Führung.

SPIRIT GUIDES IM ALLTAG

In deinem Alltag kannst du deine Spirit Guides um Hilfe bitten, wann immer du sie brauchst. Egal, ob du wissen willst, wo dein nächster Urlaub hingehen soll, deinen Schlüssel suchst, Unterstützung bei einer schwierigen Entscheidung benötigst oder einfach nur eine positive Energie benötigst, deine Spirit Guides sind immer bereit, dir beizustehen. Schließe einfach die Augen, atme tief ein und aus, und rufe sie in Gedanken oder laut an. Bitte sie um ihre liebevolle Unterstützung und himmlische Führung.

Du kannst einfach sagen: „Liebes Geistiges Team, bitte helft mir bei [deinem Anliegen]."

Sei offen für die Zeichen und Eingebungen, die sie dir senden, und vertraue darauf, dass sie immer für dich da sind, um dir beizustehen.

RITUAL

GUIDANCE-BOX

Manchmal fühlt es sich an, als ob das Leben uns auf eine Geduldsprobe stellt. In diesen Momenten, wenn wir nach Antworten suchen und Lösungen erzwingen wollen, ist es wichtig, innezuhalten und den natürlichen Fluss des Lebens zu respektieren. Die Guidance-Box ist ein kraftvolles Werkzeug, um sich in solchen Transformationszeiten mit der geistigen Welt zu verbinden. Sie erinnert uns daran, dass wir nicht allein sind und dass es okay ist, um Hilfe zu bitten, sei es von unserer inneren Weisheit oder von höheren Quellen. Mit diesem Ritual lädst du die Unterstützung des Universums ein, während du geduldig darauf wartest, dass sich der Weg vor dir klärt.

Du benötigst für dieses Ritual:

- einen kleinen Zettel
- Stift
- kleine Box (jede Größe ist geeignet. Du wirst die richtige finden)

Optionale Extras:

- Blütenblätter, Edelsteine, ätherisches Öl zur Versiegelung der Absicht

So gehts:

- Schaffe eine angenehme Atmosphäre. Zünde eine Kerze an und wähle einen Duft, der dich inspiriert und beruhigt.
- Setze dich hin, schließe die Augen und atme tief ein und aus. Stelle dir vor, wie du über deine Wurzeln tief in die Erde hinabwächst, und fühle, wie du die unterstützende Energie der Erde in dich aufnimmst.
- Schreibe auf einen Notizzettel, wofür du spirituelle Führung benötigst. Sei dabei so klar und präzise wie möglich. Falte das Papier, während du noch einmal bewusst an das Thema denkst.
- Lege das gefaltete Papier auf dein Herz und verbinde dich mit dem Wunsch nach Führung. Sprich die Worte: „Ich vertraue meiner Seele und empfange ihre Botschaften."
- Vertraue darauf, dass die Führung zu dir kommen wird. Lasse den Wunsch los. Öffne dich für neue Optionen.

KAPITEL 6

MAGIE UND ZAUBER

Rituale voller Magie

Manchmal braucht es ein bisschen Magie im Leben. Dazu helfen Rituale. Sie sind wie die geheimen Schlüssel, die uns Zugang zu den verborgenen Schätzen des Universums gewähren und uns daran erinnern, dass das Leben voller Wunder und Möglichkeiten ist.

Tauche ein in die Welt der Rituale und entdecke, wie sie deine Energie steigern und dein Leben mit strahlendem Licht erfüllen können. Diese Rituale sind wie deine persönlichen Begleiter auf deiner Reise zu mehr Erfüllung und Glück. Sie stehen dir zur Seite, um deine Absichten zu verwirklichen, deine Spiritualität zu vertiefen und dich mit der unendlichen Kraft des Universums zu verbinden. Ganz gleich, ob du nach innerer Ruhe, Liebe, Fülle oder Erfolg strebst, diese Rituale können dir auf deinem Weg helfen, indem sie deine Absichten fokussieren und dir den Weg erhellen. Sei bereit, dich von ihrer Schönheit und Wirksamkeit inspirieren zu lassen und die zauberhaften Möglichkeiten des Lebens zu erkunden!

RITUAL

WOHLSTANDSRITUAL

Erlaube dir, die strahlende Energie des Wohlstands in dir zu fühlen und zu erkennen, dass diese Fülle auch im Äußeren sichtbar werden darf. Öffne dich und fokussiere dich darauf, Reichtum und Fülle anzuziehen.

Du benötigst für dieses Ritual:

- Geldscheine
- eine Kerze
- einen goldenen Umschlag
- rotes Schleifenband
- eine Zimtstange
- ein Feuerzeug oder Streichhölzer

So gehts:

- Bringe zuerst Ordnung in dein Portemonnaie, indem du alte Quittungen entsorgst. Vermeide für den Rest des Tages unnötige Ausgaben, und zahle auch nicht mit der Karte. Hol dir stattdessen ein wenig Bargeld bei der Bank.

- Zünde zu Hause eine Kerze an und komme zur Ruhe. Umwickle die Geldscheine mit rotem Band und sprich dabei: „Ich bin bereit, Fülle und Wohlstand in mein Leben zu ziehen. Dieses Geld soll mir helfen, meine Ziele zu erreichen."

- Leg das Geld in den goldenen Umschlag. Entzünde die Zimtstange und segne den Umschlag im Rauch des Zimts, um deinen Vorrat an Lebensmitteln und Reichtum für die kommenden Monate zu sichern.

- Lege den Umschlag auf deinen Altar oder an einen besonderen Platz in deiner Wohnung, am besten in der Küche, wo auch alle anderen Vorräte sind. Dieses Geld wird auf gar keinen Fall ausgegeben. Wiederhole das Ritual im Winter jeden Monat und lege ein paar Geldscheine hinzu. So wirst du immer mehr Geld ansammeln und deine finanzielle Sicherheit stärken.

- Aber vergiss nicht, dass es wichtig ist, auch weiterhin zu arbeiten und klug mit deinem Geld umzugehen. Das Ritual dient lediglich als Unterstützung auf dem Weg zum Erfolg.

ÜBUNG

SCHÖNHEITSRITUAL

Dieses Schönheits-Baderitual lädt dich ein, dich in einen Zustand der Ruhe zu versetzen, deine Sinne zu beleben und deine innere Schönheit zum Strahlen zu bringen. Genieße einen heiligen Moment der Selbstliebe und des Wohlbefindens, den du dir verdient hast.

Du benötigst für dieses Ritual:

◊ 1 Liter Bio-Mandelmilch
◊ Mandelöl + ätherisches Öl Lavendel und/oder Rose
◊ einen oder mehrerer Rosenquarze und Rosenblätter
◊ Kerzen

So gehts:

◊ Lege ein paar Rosenquarze ins Wasser und zünde Kerzen an, um eine gemütliche Atmosphäre zu schaffen.

◊ Dann mische 2–3 Esslöffel Mandelöl mit max. 20 Tropfen Lavendel- und/oder Rosenöl. Gib die Mischung zusammen mit der Mandelmilch ins heiße Badewasser und genieße die wohltuende Wirkung auf Körper und Geist.

◊ Lege zusätzlich ein paar Rosenblätter in das Wasser.

◊ Der Rosenquarz steht für Liebe, Harmonie und Frieden. Er soll helfen, negative Energien abzuwehren und das Herz zu öffnen. Das Mandelöl und die -milch pflegen die Haut und machen sie geschmeidig, während das Lavendel- und Rosenöl beruhigend wirken und für Entspannung sorgen.

◊ Nimm dir Zeit für dich selbst und lass dich von diesem Baderitual verwöhnen. Gönn dir gern noch eine schöne Gesichtsmaske und genieße deinen Körper.

ÜBUNG

LOSLASSRITUAL

Manchmal tragen wir Lasten auf unseren Schultern, die uns daran hindern, unbeschwert zu sein. Diese Lasten können aus vergangenen Erfahrungen, negativen Emotionen oder unerledigten Angelegenheiten bestehen. Um dich von diesen Belastungen zu befreien und Platz für Neues zu schaffen, nutze dieses Loslassritual.

Du benötigst für dieses Ritual:

- ein Stück Papier und einen Stift
- eine feuerfeste Schale
- eine Kerze oder ein Feuerzeug

So gehts:

- Denke darüber nach, was dich belastet und schreibe jedes belastende Gefühl und jede negative Erinnerung auf das Stück Papier. Sei dabei ehrlich zu dir selbst.

- Nimm das Papier, entzünde die Kerze oder das Feuerzeug und halte das Papier über die Flamme. Beobachte, wie die Flammen das Papier verzehren und die Worte verbrennen.

- Während das Papier verbrennt, sprich folgende Worte oder formuliere deine eigenen Wünsche: *„Ich lasse los, was mich belastet. Ich befreie mich von allem, was mich behindert. Möge das Feuer meine Lasten verbrennen. Ich öffne mich für Heilung und Neuanfang.“*

- Beobachte das Feuer, während es das Papier verbrennt, und spüre, wie sich eine Last von deinen Schultern löst.

- Nimm dir dann einen Moment der Stille und des Nachdenkens. Spüre die Leichtigkeit und den Frieden, die durch das Loslassen entstanden sind.

- Schließe das Ritual mit einem Gefühl der Dankbarkeit und des Vertrauens ab, dass du nun bereit bist, den nächsten Schritt auf deinem Weg zu gehen.

Wiederhole dieses Ritual bei Bedarf, um dich von Belastungen zu befreien. Möge das Feuer dir Frieden schenken und dich auf den Weg der Heilung begleiten.

ÜBUNG

LIEBESRITUAL

Entfache deine innere Strahlkraft und trage sie nach außen, um mehr Liebe und Harmonie in dein Leben zu ziehen. Dieses Ritual lädt dich ein, dich selbst mit Mitgefühl und Fürsorge zu behandeln, deine eigene Energie zu nähren und deine Liebe zu dir selbst zu stärken. Es ist ein Akt der Selbstachtung, der dich dabei unterstützt, selbst zu erstrahlen und die Liebe und Harmonie anzuziehen, die du dir wünschst.

Du benötigst für dieses Ritual:

- ◊ Zucker
- ◊ Rosenquarz
- ◊ Rosenblätter
- ◊ Zettel und Stift
- ◊ Kerze
- ◊ wohligen Räucherduft mit Rosen
- ◊ eine Schale

So gehts:

- Bereite deinen heiligen Raum vor, einen Ort, der von positiver Energie durchdrungen ist.
- Fülle eine Schale mit Zucker, der die Süße des Lebens symbolisiert.
- Dekoriere die Schale mit Rosenblättern und einem Rosenquarz für Liebe und Schönheit.
- Schreibe auf einen Zettel deine Affirmation: z. B. „Ich bin geliebt“ oder „Ich bin wertvoll.“
- Lies die Affirmation laut vor und spüre ihre Bedeutung in deinem Herzen.
- Falte den Zettel und lege ihn zu der Schale.
- Platziere deine Kerze in der Mitte der Schale und entzünde sie.
- Setze dich bequem hin und schließe die Augen. Atme tief ein und aus, um zur Ruhe zu kommen. Visualisiere ein strahlendes Licht der Liebe, das dich umhüllt. Spüre die Liebe in deinem Herzen und lasse sie durch deinen Körper strömen.
- Öffne langsam die Augen und kehre zurück in den Raum.
- Bedanke dich für diesen Moment der Selbstfürsorge und Selbstliebe.
- Trage die Erinnerung an dieses Ritual in deinem Herzen und lasse es dich daran erinnern, wie wertvoll und geliebt du bist.

Schlusswort

Wir haben nun das Ende unserer gemeinsamen Reise erreicht. Doch während wir uns von diesen Seiten verabschieden, eröffnet sich vor uns ein neues Kapitel voller Chancen und Möglichkeiten. In den vorherigen Kapiteln haben wir zusammen die transformative Kraft von heilsamen Energie-Ritualen erforscht und erlebt, wie sie uns helfen können, uns von den Zwängen des Alltags zu befreien und stattdessen in die lebendige Strahlkraft unseres Seins einzutauchen. Wir haben die Schönheit der kleinen Dinge entdeckt und erinnern uns daran, dass Glück und Erfüllung in jedem Moment zu finden sind, wenn wir bereit sind, unsere Herzen zu öffnen und den Augenblick zu leben. Wir haben gelernt, auf unsere innere Stimme zu hören, uns von unseren spirituellen Führern leiten zu lassen und uns mit den höheren Ebenen des Universums zu verbinden.

Durch Selbstfürsorge, Achtsamkeit und spirituelle Ausrichtung haben wir nach und nach unsere eigene Stärke und Schönheit erkannt und gelernt, sie mit anderen zu teilen.

Jetzt ist es an der Zeit, die Erkenntnisse und Weisheiten, die du in diesem Buch gewonnen hast, in deinem Alltag zu verankern und das strahlende Licht deiner Seele in die Welt zu tragen. Gehe voller Zuversicht und Vertrauen deinen Weg des Lebensglücks und lass dein Inneres leuchten, damit auch andere von deinem Glanz inspiriert werden. Mögen deine Tage von Liebe, Freude und Leuchtkraft erfüllt sein, und mögest du immer im Einklang mit deiner wahren Essenz leben.

Mit strahlenden Grüßen,
deine Beate

Danksagung

Ein herzliches Dankeschön geht an das Team des EMF-Verlags, das mit seiner Professionalität und seinem Engagement dieses Buch ermöglicht hat. So ist dieses Buch das Ergebnis einer inspirierenden Zusammenarbeit, die von der Offenheit für meine Ideen und der hingebungsvollen Gestaltung durch das Team geprägt ist. Mein aufrichtiger Dank gilt allen Beteiligten, die dazu beigetragen haben, dieses Werk Wirklichkeit werden zu lassen.

Besonders möchte ich den interessierten Hörern des Podcasts „Sparkle and Shine" danken, die mich dazu inspiriert haben, meine Gedanken und Erkenntnisse in Buchform zu bringen. Ihre Neugier und Begeisterung haben den Funken entzündet, der zu diesem Buch geführt hat.

Und schließlich möchte ich mich bei dir bedanken, dass du dir die Zeit genommen hast, dieses Buch zu lesen und dich auf die darin enthaltenen Ideen einzulassen. Es ist mein Wunsch, dass dieses Buch dich auf deinem eigenen Weg der Selbstentdeckung und des persönlichen Wachstums begleitet und dir dabei hilft, ein Leben in Leichtigkeit und Freude zu leben.

ÜBER DIE AUTORIN

Mit 19 Jahren traf sie eine Therapeutin, die sie ermutigte, einfach „anders" zu sein. Das war erst der Anfang. Zahlreiche Seminare und Ausbildungen in verschiedenen spirituellen Traditionen ließen sie langsam wieder aufblühen und formten Beate Tschirch zu einer lebensbejahenden Frau. Als Yogalehrerin ermunterte sie andere, ihren eigenen Weg zu finden. Es folgte ihr Podcast „Sparkle&Shine" und mehrere Bücher, mit denen sie Menschen hilft zu heilen und zu transformieren.

IMPRESSUM

Bibliografische Information der Deutschen Bibliothek.

Die Deutsche Bibliothek verzeichnet diese Publikation in der Deutschen Nationalbibliografie.

Detaillierte bibliografische Daten sind im Internet über http://www.dnb.de/ abrufbar.

EIN BUCH DER EDITION MICHAEL FISCHER

1. Auflage 2024

Cover, Layout & Satz: Zoe Mitterhuber

Redaktion und Lektorat: Anna-Lena Prill

Bildnachweis: Mehrfachnutzung: © Paul shuang / shutterstock (Hintergrund), © CelebrationsBoxs / shutterstock (Hinterlegung Tipps), © Woman from Baku / shutterstock (Schmuckillustration aquarell), © Vasya Kobelev / shutterstock (Schmuckillustration).Innenteil: S.1 © Chinnapong / shutterstock, S.21 © Jack Skinner / unsplash, S.25 © Feodora_21 / shutterstock, S.30 © Jacob_09 / shutterstock, S. 33 © Anthony Tran / unsplash, S.35 © AlyonaZhitnaya / shutterstock, © S. 46 Valeria Venezia / shutterstock, S.49 © Christopher Cambell / unsplash, S.53 © Vasya Kobelev / shutterstock, S. 55 © creative_visionary / thenounproject, © Ar2ar / thenounproject, © creative icon / thenounproject, © Maria Kislitsina / thenounproject, © Ghozy Muhtarom / thenounproject, © Asep Jangkar / thenounproject, S.57 © Becca Schultz / unsplash, S. 62 © Andrei Porzhezhinskii / shutterstock, S. 80 backwoods_design / shutterstock, © Iconic Space / shutterstock, S. 81 © Natalia Deriabina / shutterstock, S.82 © PeopleImages.com - Yuri A / shutterstock, S.91 © womanizer toys / unsplash, S.94 © Priscilla du Perez / unsplash, S. 96 © Aaron Blanco Tejedor / unsplash, S. 99 © Vasya Kobelev / shutterstock, S.101 © Youssef Naddam / unsplash, S. 102 © Rawpixel.com / shutterstock, S. 104 © Rebecca Peterson Hall / unsplash, S.106 © Camille Brodard / unsplash, S.109, 113 © Beate Tschirch, S. 116 © Vasya Kobelev / shutterstock, S. 118 © Renee Kiffin / unsplash, S. 120 © Content Pixie / unsplash, S.122 © Jeremy Bishop / unsplash, S.127 © Ashley Batz / unsplash, S.136 © Jamie Hagan / unsplash, S. 141 Greg Rakozy / unsplash, S. 148 © Ground Picture / shutterstock, S. 150 © Amina ,ently / shutterstock, S.152 © Joanna Kosinska / shutterstock, S.156 © Madeleine Steinbach / shutterstock

978-3-7459-2156-4

Gedruckt bei PNB Print SIA „Jansili", Silakrogs, Ropazu novads, LV-2133, Lettland

www.emf-verlag.de